互联网营销系列丛书

微信公众号、小程序、朋友圈运营完全操作手册

刘炜 编著

清华大学出版社
北京

内 容 简 介

本书通过详细讲解微信公众号、微信小程序、微信朋友圈运营三部分内容,帮助大家抓住机遇,尽快实现盈利赚钱。

微信公众号内容主要讲解账号设置、后台操作、爆文打造、引流增粉。

微信小程序内容主要讲解注册审核、亮点设计、入口把控、变现转化。

微信朋友圈内容主要讲解形象设计、图文创作、营销策略、建立信任。

本书适合想快速提高粉丝量、成就百万大号的公众号运营者,想增加平台流量、年赚上千万的小程序运营者,想通过朋友圈打造自明星品牌的微商、电商和自媒体人阅读。

本书封面贴有清华大学出版社防伪标签,无标签者不得销售。
版权所有,侵权必究。举报:010-62782989,beiqinquan@tup.tsinghua.edu.cn。

图书在版编目(CIP)数据

微信公众号、小程序、朋友圈运营完全操作手册/刘炜主编.—北京:清华大学出版社,2019(2022.9 重印)
(互联网营销系列丛书)
ISBN 978-7-302-52926-2

Ⅰ. ①微… Ⅱ. ①刘… Ⅲ. ①网络营销—手册 Ⅳ. ①F713.365.2-62

中国版本图书馆 CIP 数据核字(2019)第 083555 号

责任编辑:杨作梅
装帧设计:杨玉兰
责任校对:王明明
责任印制:丛怀宇

出版发行:清华大学出版社
网　　址:http://www.tup.com.cn, http://www.wqbook.com
地　　址:北京清华大学学研大厦 A 座　　**邮　编:**100084
社 总 机:010-83470000　　**邮　购:**010-62786544
投稿与读者服务:010-62776969, c-service@tup.tsinghua.edu.cn
质量反馈:010-62772015, zhiliang@tup.tsinghua.edu.cn

印 装 者:大厂回族自治县彩虹印刷有限公司
经　　销:全国新华书店
开　　本:170mm×240mm　　**印　张:**17.5　　**字　数:**390 千字
版　　次:2019 年 6 月第 1 版　　**印　次:**2022 年 9 月第 7 次印刷
定　　价:49.80 元

产品编号:076728-01

本书专家编委会

刘炜
    今日黑马创始人
    中国新效率模式首创者
    《新效率系统》开创者
    上海交通大学海外部特约讲师
    名创优品集团社群转型顾问
    南通工业博览城的年度战略顾问
    新零售企业高效组织管理专家

叶国富
    名创优品全球联合创始人
    赛曼控股集团董事长
    广东十大经济风云人物
    北京大学讲座教授
    阿拉善 SEE 生态协会珠江学堂第一讲导师

周导
    商界卧龙
    新商业模式首创者
    资本架构学创始人
    中国新商业生态圈
    智客生态集团主席
    新一代天使投资人
    咨询行业隐形冠军

沈宇庭
    北大清华 EMBA 教授
    中国科学院博士
    美国加州大学博士后
    央视 CCTV 财经专家

刘伟伟
    青岛酷特智能股份有限公司酷特智能商学院项目经理
    专注酷特云蓝模式、流程体系建设等方面的研究分享
    青岛环奕展览展示工程有限公司总经理

戴赛鹰
    三个爸爸联合创始人兼 CEO
    著名品牌营销策划人

李力刚
    顶尖战略谈判顾问
    上海海盟企管
    上海来战信息创办人
    美国大使馆三次特邀谈判训练专家
    北大、清华等各大总裁班十大名师

曹万峰
  浙江乾峰进出口有限公司创始人
  浦江乾峰进出口有限公司董事长
  韩国乾峰贸易公司创始人
  浦江乾峰针织服饰有限公司董事长
  浙江优丰服装辅料有限公司创始人
  全球时尚服饰协会执行董事
  中国移动互联网协会执行会长
  CCTV 诚信档案卓越风尚诚信企业家

林思荣
  中国致公党党员
  中国南通工业博览城董事长
  金海汇通融资租赁(上海)有限公司董事长
  巧匠中国控股集团有限公司董事长
  中国生产性服务业产业发展联盟副主席
  南通市温州商会执行会长
  南通华侨经济技术交流促进会常务副会长
  中国移动互联网协会执行会长
  CCTV 诚信档案卓越风尚诚信企业家

前　　言

　　作者在 2017 年写过一本书，书名为《微商·微信·微店·朋友圈·自媒体·微营销一本通》，讲解了 100 多种引流推广方法和 100 多个营销要点技巧，写的时候就预测销量应该会不错，经市场验证，果不其然，深受广大做营销朋友的喜欢。原因是此书采用单点极致策略，专攻一点：引流推广，解决了以上领域读者的最大痛点。各个领域引流推广的方法，加起来 200 多种，但其实是可以通用的，这是放在一起学习的好处，即可以融会贯通。

　　这次，将微信公众号、微信小程序、微信朋友圈三者安排在一本书中，是因为这三者作为腾讯的"三驾马车"，在近几年的发展势头最猛，而且作为公司或者商家，这"三驾马车"还可以同时进发，为企业创造巨大的商业价值。

　　限于篇幅，本书只能选取最精华的内容来讲，主要如下。

一、公众号运营

　　公众号虽然更像是一个内容传播平台，但是，对于自媒体的发展、传播却可以说是意义重大的。那么一个公众号凭什么从市场中脱颖而出，成为百万大号呢？作者个人认为关键就在于以下 4 个方面。

　　一是通过对公众号信息的设置，在保证账号安全的同时，打造一张有吸引力的、容易被粉丝记住的公众号名片。

　　二是通过后台操作，对公众号的各类信息进行有序管理，让公众号的运营变得更加省时省力。

　　三是通过公众号文章的打造，创作出足够吸睛的爆款软文，让受众对软文内容感兴趣，愿意留下来。

　　四是通过多方引流增粉，扩大公众号的传播范围，提高公众号的知名度，让更多的人成为公众号的粉丝。

二、小程序运营

　　小程序上线时间虽然不长，却爆发出了惊人的运营价值。以至于像"摩拜单车""星巴克""拼多多"等大品牌运营商都将小程序作为一个发展的突破口。其实，在作者看来，小程序的运营并没有想象的那么难，运营者只需重点做好以下4项工作，成功基本上就触手可及了。

一是通过注册审核，拥有并快速发布属于你的小程序，拿到小程序运营的门票，获得小程序市场。

二是通过亮点设计，向目标用户展现小程序的独特价值，从而让你的小程序被更多用户所选择。

三是把控流量入口，在为用户提供小程序入口的同时，向用户更好地宣传你的小程序，从而增加小程序的使用率，在获得更多用户的基础上，提高小程序的知名度。

四是掌握变现转化技巧，将累积的流量进行变现，让用户心甘情愿为你的产品和服务掏钱。

三、朋友圈运营

朋友圈的价值是多方面的，对于自媒体人来说，它就是一个传播内容的渠道。而对于微商、电商运营者来说，它却是一个销售的展示渠道。可以说，只要朋友圈运营得好，运营者可以在刷爆朋友圈的同时，获得意想不到的收益。当然，在此过程中，运营者还需做好以下4个方面的工作。

一是通过微信号的设置，塑造一个良好的形象，给目标客户留好第一印象，让陌生人在看到你的朋友圈之后，也愿意加你为好友。

二是学习一定的图文创作技巧，生产出足够有料的、对目标客户有吸引力的内容，让一篇简单的推广信息也能轻松刷爆朋友圈。

三是掌握一定的营销策略，通过各种技巧广泛吸纳新粉丝，把陌生人也变成你的微信好友。

四是通过建立信任，拉近与潜在客户的心理距离，从而让陌生人变成你的忠实粉丝。

对朋友圈深度运营感兴趣的读者，可以看看作者的另一本书：《深度玩透微信朋友圈：年薪百万的微商、网红、自明星吸金操作手册》，也许会有不一样的收获。

本书由刘炜编著，参与编写的人员还有高彪、刘胜璋、刘向东、刘松异、刘嫔、苏高、刘伟、卢博、周旭阳、袁淑敏、谭中阳、杨端阳、李四华、王力建、柏承能、刘桂花、柏松、谭贤、谭俊杰、徐茜、柏慧等人，在此表示感谢。由于作者知识水平有限，书中难免有疏漏之处，恳请广大读者批评、指正。

编 者

目录

公众号运营篇

第1章 账号设置：你的名片可以更具吸引力 3

- 1.1 6种基础设置，决定你的名片质量 4
  - 1.1.1 令人印象深刻的头像 4
  - 1.1.2 容易被搜索到的微信号 5
  - 1.1.3 便于记忆的介绍内容 7
  - 1.1.4 订阅号和服务号的快速转化 9
  - 1.1.5 微信认证及时更新账号信息 10
  - 1.1.6 客服电话设置，确保联系畅通 12
- 1.2 5种保护设置，事关账号安全系数 13
  - 1.2.1 隐私设置，允许公众号被搜索 13
  - 1.2.2 图片水印设置，打上平台烙印 14
  - 1.2.3 人员设置，规定运营者的权限 15
  - 1.2.4 风险操作保护，用验证保安全 17
  - 1.2.5 IP白名单设置，授权调用接口 18

第2章 后台操作：懂得管理自然省时又省力 21

- 2.1 6种功能管理，后台操作必须熟练掌握 22
  - 2.1.1 自动回复及时互动 22
  - 2.1.2 自行分类安排内容 25
  - 2.1.3 用户留言信息管理 27
  - 2.1.4 投票管理平台活动 28
  - 2.1.5 页面模板清晰排序 30
  - 2.1.6 原创声明保护版权 32
- 2.2 4种互动操作，集中管理后台用户消息 34
  - 2.2.1 用户信息收藏管理 34
  - 2.2.2 用户信息快捷回复 35
  - 2.2.3 用户素材保存下载 36
  - 2.2.4 用户信息隐藏与屏蔽 37
- 2.3 两项基础设置，做好用户资料库的建设 37
  - 2.3.1 给用户打上标签 37
  - 2.3.2 公众号黑名单设置 39
- 2.4 4类素材管理，随时存储各种有用内容 40
  - 2.4.1 图文消息管理 40
  - 2.4.2 图片素材管理 41
  - 2.4.3 语音素材管理 42
  - 2.4.4 视频素材管理 43
- 2.5 两种运营策略，通过推广轻松获取收益 44
  - 2.5.1 公众号广告投放 44
  - 2.5.2 流量主功能设置 45

第3章 爆文打造：看看10W+应该有的模样 47

- 3.1 6种正文形式，选择爆文的展示方式 48
  - 3.1.1 纯文字型 48

	3.1.2	图片为主型 48
	3.1.3	图文结合型 49
	3.1.4	视频展示型 50
	3.1.5	语音传达型 50
	3.1.6	综合运用型 51
3.2	4 种写作类别，选择爆文的行文思路 51
	3.2.1	故事代入类 51
	3.2.2	逆向思维类 52
	3.2.3	悬念设置类 52
	3.2.4	创意表达类 53
3.3	7 种标题风格，给你想要的爆文效果 53
	3.3.1	引发情感上的共鸣 54
	3.3.2	留下无限想象空间 54
	3.3.3	带来心灵上的冲击 55
	3.3.4	用数字增加说服力 56
	3.3.5	借助设问给出答案 57
	3.3.6	名人效应增加认同 57
	3.3.7	借力热点产生轰动 58
3.4	8 种配图策略，让你的图片更加吸引眼球 59
	3.4.1	引人注目的主图 59
	3.4.2	同样重要的侧图 59
	3.4.3	合适的图片尺寸 60
	3.4.4	恰好的色彩搭配 60
	3.4.5	图片数量的取舍 61
	3.4.6	用长图文博取关注 63
	3.4.7	动图更讨人喜爱 63

	3.4.8	印上公众号标志 64
第 4 章	引流增粉：轻松获取上百万精准粉丝 67
4.1	5 种热门引流策略，让公众号火起来 68
	4.1.1	大号互推 68
	4.1.2	爆文引流 69
	4.1.3	活动吸粉 70
	4.1.4	线上微课 70
	4.1.5	热词引流 71
4.2	8 个引流增粉平台，助力粉丝飞速增长 72
	4.2.1	抖音平台 72
	4.2.2	今日头条 75
	4.2.3	QQ 平台 76
	4.2.4	微博平台 78
	4.2.5	百度平台 79
	4.2.6	阿里系平台 81
	4.2.7	知乎平台 82
	4.2.8	简书平台 83
4.3	5 种其他引流方法，效果同样不容小觑 84
	4.3.1	社群建设 84
	4.3.2	借力 APP 86
	4.3.3	论坛引流 89
	4.3.4	视频引流 90
	4.3.5	音频引流 91

小程序运营篇

| 第 5 章 | 注册审核：快速拥有自己的小程序 .... 97 |
| 5.1 | 6 个步骤，快速领取你的小程序 .... 98 |

	5.1.1	找到小程序的注册入口 98
	5.1.2	了解小程序的注册步骤 100
	5.1.3	给小程序起一个响亮名称 104

| 5.1.4 为小程序设置专属头像 106
| 5.1.5 做好小程序的自我介绍 106
| 5.1.6 进行小程序的服务定位 107
| 5.2 6 种操作，助你更快发布
| 小程序 108
| 5.2.1 打包前做好检查 108
| 5.2.2 一键打包开发包 110
| 5.2.3 将审核内容上传 114
| 5.2.4 提交代码进行审核 116
| 5.2.5 等待代码审核结果 117
| 5.2.6 审核通过及时发布 118

第 6 章 亮点设计：让用户看到你的独特价值 123

| 6.1 3 种理念，指示亮点设计方向 124
| 6.1.1 明确核心用户 124
| 6.1.2 人无我有凸显价值 125
| 6.1.3 人有我优扩大优势 126
| 6.2 6 大规则，亮点设计必须坚持 127
| 6.2.1 确保操作不被打断 127
| 6.2.2 导航明确指示清晰 128
| 6.2.3 重点突出易于把握 130
| 6.2.4 主次分明减少选择 130
| 6.2.5 页面规范标准统一 131
| 6.2.6 异常情况做出提醒 136
| 6.3 4 种策略，给你个性设计思路 137
| 6.3.1 找到适合小程序平台的
| 业务 137
| 6.3.2 根据核心用户需求设置
| 功能 138
| 6.3.3 为用户意见的表达提供
| 入口 140
| 6.3.4 更新升级提供更贴心的
| 服务 140

第 7 章 入口把控：将流量尽皆握在自己手中 143

| 7.1 8 个天然入口，每个小程序都能
| 使用 144
| 7.1.1 小程序二维码扫码直达 144
| 7.1.2 向好友递出小程序卡片 145
| 7.1.3 聊天记录用过就找得到 147
| 7.1.4 下拉聊天页面显示入口 148
| 7.1.5 附近的小程序自动显示 149
| 7.1.6 知道名称直接搜索即可 150
| 7.1.7 搜索对应业务点击直达 151
| 7.1.8 朋友圈广告点击可进入 152
| 7.2 5 个额外入口，关联公众号
| 即可拥有 153
| 7.2.1 关联之后即可通知用户 153
| 7.2.2 菜单栏设置小程序入口 155
| 7.2.3 图文消息添加链接地址 156
| 7.2.4 通过介绍页面互相跳转 158
| 7.2.5 落地页广告增加宣传面 160
| 7.3 3 个外部入口，给你源源不断的
| 流量 161
| 7.3.1 让第三方为你点赞 161
| 7.3.2 WiFi 推荐加大宣传 163
| 7.3.3 打通 APP 和小程序 164

第 8 章 变现转化：掌握技巧年赚千万不是梦 167

| 8.1 3 种方式，用商品销量换取收入 168
| 8.1.1 入驻大型平台做销售 168
| 8.1.2 做自己的小程序商城 170
| 8.1.3 出售卡片先收取定金 171
| 8.2 3 种手段，将优质内容直接变现 173
| 8.2.1 付费内容直接变现 173
| 8.2.2 采用会员收费模式 174

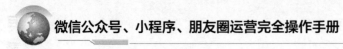

	8.2.3	开设课程有偿教学 …………… 176
8.3	6种策略，不用卖东西也能盈利 …………………………… 177
	8.3.1	电商导购吸睛引流 …………… 177
	8.3.2	做得好自然有金主 …………… 179

	8.3.3	运营广告两不耽误 …………… 180
	8.3.4	有偿服务积少成多 …………… 182
	8.3.5	融资实现曲线变现 …………… 183
	8.3.6	变IP标签为"钱力" ………… 184

朋友圈运营篇

第9章 形象设计：给潜在客户留好第一印象 …………………………… 189

9.1 6种设置，让客户快速地记住你 …………………………… 190
    9.1.1 微信号应容易被记忆 ……… 190
    9.1.2 名字可以是一种理念 ……… 191
    9.1.3 头像就是第一广告位 ……… 193
    9.1.4 个性签名为营销服务 ……… 195
    9.1.5 二维码可以更具美感 ……… 198
    9.1.6 朋友圈封面极具价值 ……… 200

9.2 6种功能，让营销更加高效便捷 …………………………… 201
    9.2.1 发送名片进行组合营销 …… 202
    9.2.2 群发助手实现高效传达 …… 203
    9.2.3 星标好友置顶重要客户 …… 205
    9.2.4 聊天置顶方便随时跟进 …… 207
    9.2.5 标签分组分类管理客户 …… 208
    9.2.6 提醒谁看确保信息传达 …… 209

第10章 图文创作：内容有料轻松刷爆朋友圈 …………………………… 211

10.1 6种文字创作技巧，提高客户阅读兴趣 …………………… 212
    10.1.1 将重要内容放置在前方 … 212
    10.1.2 图文并茂增强布局美感 … 212
    10.1.3 巧妙描绘增强商品吸引力 ……………………… 213

    10.1.4 营造热卖景象刺激消费 …………………………… 215
    10.1.5 适度晒单提高热销真实性 ……………………… 216
    10.1.6 借助明星效应让粉丝买单 ……………………… 217

10.2 6种图片美化技巧，增强视觉的诱惑力 …………………… 218
    10.2.1 调整亮度清晰呈现内容 …………………………… 218
    10.2.2 善用虚化突出主体部分 …………………………… 220
    10.2.3 使用滤镜营造独特意境 …………………………… 221
    10.2.4 智能美化增加照片美感 …………………………… 223
    10.2.5 借助拼图展现商品价值 …………………………… 224
    10.2.6 边框水印打造精致图片 …………………………… 227

第11章 营销策略：把陌生人都变成你的客户 …………………………… 231

11.1 5种吸粉营销，聚集人气打好基础 ………………………… 232
    11.1.1 通过手机号码聚集客源 …………………………… 232
    11.1.2 通过扫码快速添加微信 …………………………… 233

- 11.1.3 借助附近的人扩大客源 234
- 11.1.4 摇一摇随机获取空闲用户 236
- 11.1.5 线下实体店实现客户转化 237
- 11.2 3种广告营销，进行多样化的呈现 238
  - 11.2.1 通过官方推送优质广告 238
  - 11.2.2 公众号广告自主植入 241
  - 11.2.3 H5页面动态宣传产品 244
- 11.3 5种价值营销，互惠互利提高成交 246
  - 11.3.1 折扣促销刺激需求 246
  - 11.3.2 塑造价值放大回报 247
  - 11.3.3 赠送礼品增加附加值 249
  - 11.3.4 限时限量增加紧迫感 252
  - 11.3.5 节日促销提高获得感 253

第12章 建立信任：把陌生人变成亲密的朋友 255

- 12.1 5种技巧，快速吸引陌生人关注 256
  - 12.1.1 用高颜值吸睛 256
  - 12.1.2 展示品位格调 256
  - 12.1.3 呈现渊博学识 257
  - 12.1.4 融入个人情怀 258
  - 12.1.5 给人向上的力量 258
- 12.2 7种分享，正确地使用情感利器 259
  - 12.2.1 分享背后苦楚 259
  - 12.2.2 分享奋斗激情 260
  - 12.2.3 分享营销资质 260
  - 12.2.4 分享运营团队 261
  - 12.2.5 分享团队增员 262
  - 12.2.6 分享体验效果 262
  - 12.2.7 分享心得感悟 263
- 12.3 4种技巧，将碎片时间为我所用 264
  - 12.3.1 早上发正能量内容 264
  - 12.3.2 中午发轻松的内容 264
  - 12.3.3 下午发营销性内容 265
  - 12.3.4 晚上发情感性内容 266

公众号运营篇

第1章

账号设置：你的名片可以更具吸引力

> **学前提示**
>
> 在微信公众号运营之初和运营的过程中，账号的各种信息、功能设置得好，将对后期的各类工作起到促进作用，如吸粉引流、安全操作和运营推广等。
>
> 本章就立足于运营发展中的公众号，为大家详解怎样玩转后台账号设置。

要点展示

➢ 6种基础设置，决定你的名片质量
➢ 6种保护设置，事关账号安全系数

1.1 6种基础设置，决定你的名片质量

在微信公众号后台，如果运营者和管理者对目前的账号设置不满意，可以进入"公众号设置"页面下的"账号详情"页面进行修改。下面介绍能修改的6项账号内容，以便让账号信息更完善、更吸睛。

1.1.1 令人印象深刻的头像

说到头像，一般的运营者都会认为，它是一个非常重要的标志，特别是微信公众号头像。人们搜索公众号时，结果显示的就是头像与名称，而头像又是以图片的形式呈现账号标志，所以往往能带给用户巨大的视觉冲击，达到文字所不能实现的效果。

如果想更换一个更好、更吸睛的头像，运营者应该怎么设置呢？下面将进行具体介绍。

步骤01 进入微信公众号平台后台首页，单击"公众号设置"按钮，选择"账号详情"选项，进入"账号详情"页面，单击公众号头像，如图1-1所示。

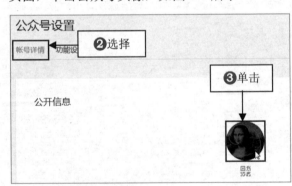

图1-1 "账号详情"页面

步骤02 执行操作后，弹出"修改头像"对话框，在"修改头像"页面，显示了头像修改的相关说明。单击"选择图片"按钮进入相应文件夹选择一张图片，单击"下一步"按钮，如图1-2所示。切换到"确定修改"页面，单击"确定"按钮，如图1-3所示，即可完成头像修改。

> **专家提醒**
>
> 在选择新的头像时，运营者应该结合账号本身、用户情况和推广需求来进行设置，这样才算是成功的头像修改策略，否则做的就是无用功。

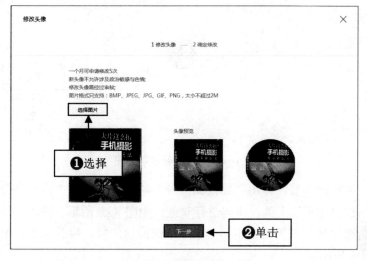

图 1-2 "修改头像"页面

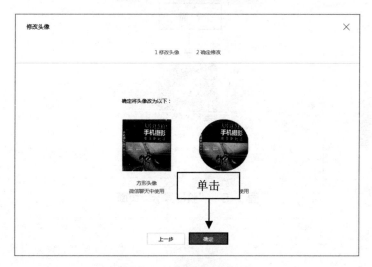

图 1-3 "确定修改"页面

1.1.2 容易被搜索到的微信号

微信号作为用户搜索和添加的依据,是独一无二的,因此,巧妙利用后台的微信号可修改功能,设置一个更易被搜索和便于记住的微信号,就显得尤为重要。接下来就针对微信号的修改操作进行讲解,以便帮助运营者找到更好的运营途径。

步骤 01 进入"公众号设置"下的"账号详情"页面,单击"微信号"右侧的"修改"按钮,如图 1-4 所示。

图1-4 单击"修改"按钮

步骤02 执行操作后,弹出"修改微信号"对话框,进入"验证身份"页面,使用管理员微信扫描该页面上的二维码进行验证,如图1-5所示。进入"修改微信号"页面,在"新微信号"右侧的文本框中输入修改的微信号,修改完毕后单击"确定"按钮,如图1-6所示。

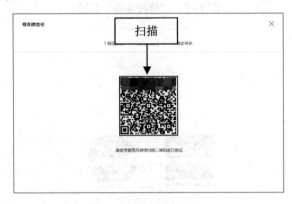

图1-5 "验证身份"页面

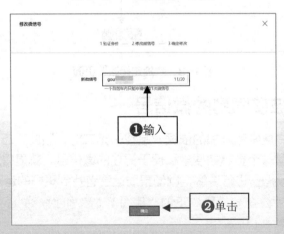

图1-6 "修改微信号"页面

步骤 03 执行操作后，进入"确定修改"页面，在该页面显示了修改前后的微信号信息及相关提示，如果运营者确定修改，可单击"确定"按钮完成操作，如图1-7所示。

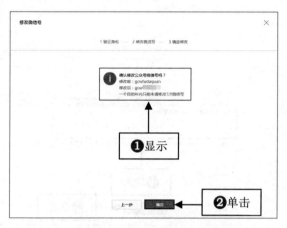

图1-7 "确定修改"页面

1.1.3 便于记忆的介绍内容

显示在资料页面的"介绍"是用户了解公众号的入口和关键，假如它能引人入胜、树立一个好的企业和品牌形象，那么用户搜索之后会点击关注。运营者在已有公众号的情况下，需要设置一个更吸引人的"介绍"，那么应该怎么操作呢？具体方法如下。

步骤 01 进入"公众号设置"下的"账号详情"页面，单击"介绍"右侧的"修改"按钮，如图1-8所示。

图1-8 单击"修改"按钮

步骤 02 执行操作后，弹出"修改功能介绍"对话框，进入"修改功能介绍"页面，在中间的文本框中输入修改的功能介绍内容，然后单击"下一步"按钮，如图 1-9 所示。

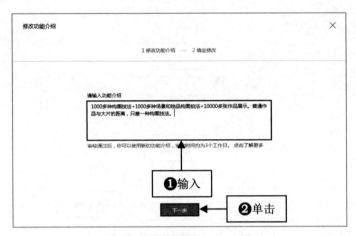

图 1-9 "修改功能介绍"页面

步骤 03 进入"确定修改"页面，该页面显示了确认修改功能介绍的内容和提示信息，单击"确定"按钮，如图 1-10 所示，即可完成功能介绍的修改。当内容审核成功后，即可使用修改后的功能介绍。

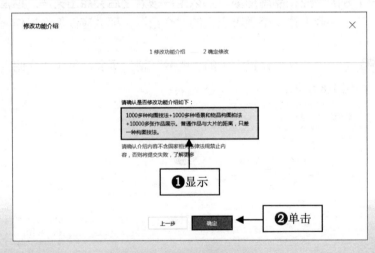

图 1-10 "确定修改"页面

专 家 提 醒

运营者要确认修改后的内容不含国家相关法律法规禁止的内容，否则将不能成功提交，这在"确定修改"页面上有提示，运营者需要加以注意。

1.1.4 订阅号和服务号的快速转化

关于微信公众平台的订阅号和服务号，对企业和商家来说，各有优势，而就信息直达方面来说，服务号明显更有效。在微信公众平台后台，提供了把订阅号转为服务号的便捷途径，下面将就这一设置进行具体讲解。

步骤 01 进入"公众号设置"下的"账号详情"页面，单击"类型"右侧的"转为服务号"按钮，如图1-11所示。

图 1-11 单击"转为服务号"按钮

步骤 02 执行操作后，弹出"订阅号转为服务号"对话框，进入"了解账号区别"页面，在该页面分"账号类型""订阅号"和"服务号"3列说明了两者之间的区别，阅读后单击"下一步"按钮，如图1-12所示。进入"再次确认"页面，该页面显示了确认转为服务号的提示信息，单击"确定"按钮，如图1-13所示。

图 1-12 "了解账号区别"页面

图 1-13 "再次确认"页面

步骤 03 执行操作后，进入"验证管理员身份"页面，如图1-14所示，使用管理员微信扫描该页面上的二维码完成身份验证，即可把订阅号转为服务号。

图1-14　扫描二维码验证管理员身份

1.1.5　微信认证及时更新账号信息

微信公众平台跟企业的营业执照一样，每年都要年检，年审主要是检查一下信息有无更改，起到及时更新信息的作用。想必有很多人并不知道年审的相关操作，在此简单讲解一下微信公众号的年审流程。

步骤01　微信公众平台的年审一般系统会提前2~3个月开始提醒，只要按照提醒的窗口进入年审页面即可。图1-15所示为微信认证提示对话框，单击"去认证"按钮。

图1-15　微信认证提示

步骤 02 执行操作后，进入相应页面，勾选"我同意并遵守上述的《微信公众平台认证协议》"条款，单击"下一步"按钮，如图1-16所示。

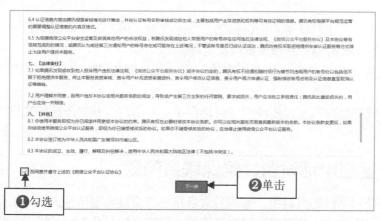

图1-16 认证页面

步骤 03 接下来就是进行账号验证了。进行账号验证需要正确填写运营者的电子邮箱、身份证号码等信息，如图1-17所示。提交认证信息之后还需要进行营业执照等信息的填写及300元认证费用的提交。操作完成后，按照微信平台系统提示的页面进入认证页面即可。最后资料费用都提交完之后还有一个为期15天的认证审核过程。

图1-17 账号验证页面

审核完成之后，腾讯将反馈以下审核结果，而年审到此也就告一段落了。
- 账号资质审核成功，用户获得向腾讯申请开通高级功能的资格。
- 账号名称审核成功，腾讯将作出认证成功的判断，确定用户的认证账号名称，生成认证标识及其认证信息。

- 认证失败，腾讯将告知用户认证失败的原因。

另外，用户向腾讯或者第三方审核机构提供的资料和信息如有变更的，应及时采取以下措施：

如处于认证审核过程中的资料和信息发生变更，用户应立即通知腾讯或负责审核订单的第三方审核机构更新有关资料及信息。

如认证成功后资料和信息发生变更，用户应及时申请补充订单变更有关资料及信息。

如认证成功后腾讯发现资料和信息存在错误，用户应及时申请补充订单更正有关资料及信息。

1.1.6 客服电话设置，确保联系畅通

在微信公众平台的资料页，有些公众号是没有设置客服电话的，如果平台管理者和运营者出于工作和业务需要想对没有设置客服电话的公众号重新进行设置，那么可以按照以下方法进行操作。

步骤01 进入"公众号设置"下的"账号详情"页面，单击"客服电话"右侧的"设置"按钮，如图 1-18 所示。

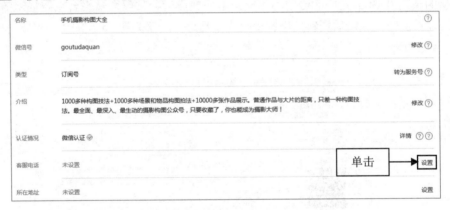

图 1-18 单击"设置"按钮

步骤02 执行操作后，弹出"修改客服电话"对话框，在"客服电话"下方的文本框中输入号码，然后单击"确定"按钮，如图 1-19 所示，即可完成客服电话设置。

> **专 家 提 醒**
>
> 关于公众号的账号信息，除了上述内容中介绍的可修改的内容外，还有其他一些内容也是可以进行修改设置的，如主体信息中的"账号迁移"操作、修改登录邮箱等，在此就不再详细介绍了。

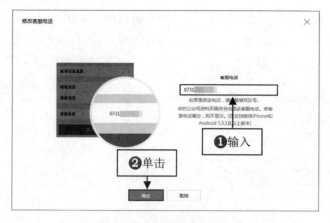

图1-19 "修改客服电话"对话框

1.2 5种保护设置，事关账号安全系数

保障账号运营安全无虞，管理者和运营者才能放心操作。那么怎样才能提升公众号的安全系数，更好地保护账号内容呢？这一问题，可通过微信公众平台后台首页"设置"区域的"安全设置"来解决。

1.2.1 隐私设置，允许公众号被搜索

在"功能设置"页面，排在第一位的就是"隐私设置"，这是管理者和运营者对是否能通过名称搜索到自身公众号功能的设置。操作方法如下。

步骤 01 进入"功能设置"页面，单击"隐私设置"功能右侧的"设置"按钮，如图1-20所示。

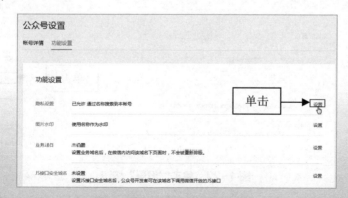

图1-20 单击"设置"按钮

步骤 02 执行操作后，进入"隐私设置"对话框，可以看到"是"和"否"两个选项。选择"是"，表示允许通过名称搜索到自身公众号；反之，则相反。在此我们选择"是"，然后单击"确定"按钮，如图 1-21 所示，即可完成设置。

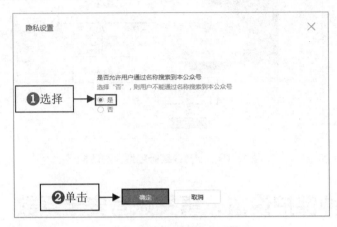

图 1-21 "隐私设置"对话框

1.2.2 图片水印设置，打上平台烙印

要想让微信公众号的图片引爆读者的眼球，给图片打个标签也是微信公众号运营者需要注意的一个问题。给图片打标签的意思就是给公众号的图片加上专属于该公众号的水印。这一操作可以在"功能设置"中完成，具体操作如下。

步骤 01 进入"功能设置"页面，单击"图片水印"功能右侧的"设置"按钮，如图 1-22 所示。

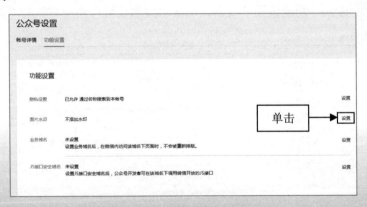

图 1-22 单击"设置"按钮

步骤 02 弹出"图片水印设置"对话框，如图 1-23 所示，从图中可以看到，图

片水印的设置有"使用微信号""使用名称"和"不添加"3 种形式。在此我们选择"使用名称"选项,然后单击"确定"按钮,即可为图片添加水印。

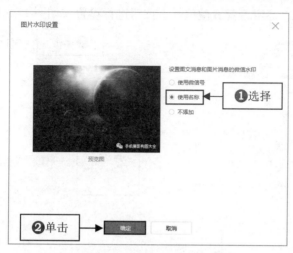

图 1-23 "图片水印设置"对话框

1.2.3 人员设置,规定运营者的权限

在微信公众号运营过程中,涉及运营工作的有管理者和运营者,有些工作只有进行了管理员身份验证后才能进行,如上面介绍的"修改微信号"操作和"订阅号转为服务号"操作就是如此,还有"密码修改"操作也是需要管理员权限才能进行的。

可见,对运营工作中的不同人员进行有效管理,可以在更大程度上保障其运营安全。那么,它是怎样进行设置的呢?在此将为大家进行讲解。

步骤 01 进入"安全中心"页面,单击"管理员和运营者设置"右侧的"详情"按钮,如图 1-24 所示。

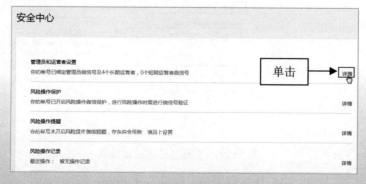

图 1-24 单击"详情"按钮

步骤02 执行操作后,进入"安全中心/管理员和运营者设置"页面。在该页面可以通过单击"管理员信息"右侧的"修改"按钮修改管理员信息,还可以在"运营者管理"区域单击"绑定运营者微信号"按钮进行设置,如图1-25所示。

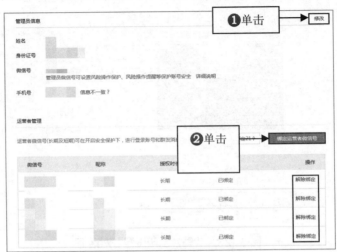

图1-25 管理员和运营者设置

单击图1-25中的"绑定运营者微信号"按钮,则在跳转的界面中,可以选择绑定时长,然后输入需绑定的微信号,最后单击"邀请绑定"按钮,如图1-26所示。操作完成后,只需用微信公众号扫码,被邀请微信号接受邀请,便可以将被邀请微信号设置为公众号运营者。

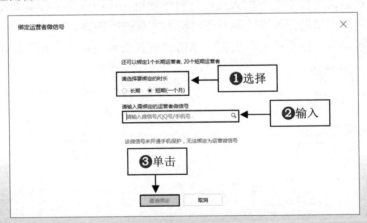

图1-26 管理员和运营者设置

另外,在图1-25中,还可以单击"操作"下方的"解除绑定"按钮,解除已绑定的运营者。

1.2.4　风险操作保护，用验证保安全

在微信公众平台后台的"安全中心"页面，共有 6 项内容，"风险操作保护"就是其中之一。有读者不禁要问，它究竟有什么样的作用？

其实，开启了风险保护操作的公众号，当其在进行有风险的操作时是需要进行验证的，如登录、修改密码和群发信息等。单击"风险操作保护"一栏右侧的"详情"按钮，进入"安全中心/风险操作保护"页面，可查看其具体内容，在"操作"栏下方单击还可"关闭保护"或"开启保护"，如图 1-27 所示。

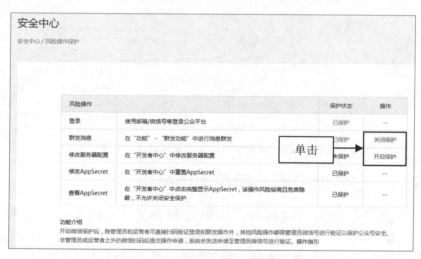

图 1-27　"安全中心/风险操作保护"页面

另外，进入"安全中心/安全提醒"页面还可单击页面中的"开启"按钮，进行管理员扫码验证，开启安全提醒功能，如图 1-28 所示。

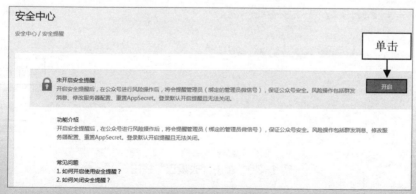

图 1-28　"安全中心/安全提醒"页面

而进入"安全中心/安全操作记录"页面，则可查看当前公众号的安全操作记录，如图1-29所示。

图1-29 "安全中心/安全操作记录"页面

1.2.5 IP白名单设置，授权调用接口

在运营微信公众号的过程中，如果没有开通 IP 白名单，就不能获取access_token(访问令牌)，自然也就不能调用各接口了。换句话说，开通白名单才能获取调用各接口的 access_token。那么应该如何设置呢？具体操作如下。

步骤 01 进入"安全中心"页面，单击"IP 白名单"右侧的"去设置"按钮，如图1-30所示。

图1-30 单击"去设置"按钮

步骤 02 执行操作后，弹出"IP 白名单设置"对话框，在文本框中输入 IP 地址，然后单击"确认修改"按钮，如图1-31所示，即可为微信公众号设置 IP 白名单。

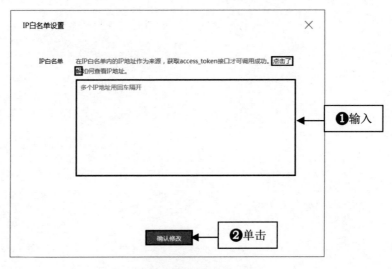

图 1-31 "IP 白名单设置"对话框

在进行设置的过程中，可能会有疑惑——IP 地址应该怎么确认？这一问题其实不难解决，在"IP 白名单设置"对话框中，单击"点击了解"文字链接，即可查看相关步骤。

第 2 章
后台操作：懂得管理自然省时又省力

学前提示　对运营者来说，在设置好账号的基础上，为了进一步实现高效运营，非常有必要在后台 5 大模块的设置上下工夫。

本章从基础的、常用的后台操作出发，帮助读者精通微信公众号运营。

要点展示

- ➢ 6 种功能管理，后台操作必须熟练掌握
- ➢ 4 种互动操作，集中管理后台用户消息
- ➢ 两项基础设置，做好用户资料库的建设
- ➢ 4 类素材管理，随时存储各种有用内容
- ➢ 两种运营策略，通过推广轻松获取收益

2.1　6种功能管理，后台操作必须熟练掌握

在微信公众号后台，"功能"栏紧挨着"首页"栏，无论是线上线下，还是前台后台，都与之紧密关联。因而，熟练运用和掌握公众号的功能管理，绝对是后台操作的重点任务。

2.1.1　自动回复及时互动

在功能管理中，自动回复的设置包括3类，即关键词回复、收到消息回复和被关注回复。说到具体操作，后两类大体是一样的，只是设置的回复内容不同，且比较简单，在此就不再具体介绍，而前一类却有着本质的不同，且比较复杂，下面将进行详细介绍。

所谓"关键词回复"，指的是用户发送的信息中如果出现了平台设置的完整关键词，平台就会触发"关键词回复"功能，把预先设置的信息内容发送给对方。图2-1所示为"手机摄影构图大全"公众号的用户输入含有关键词"摄影"的"关键词回复"结果显示页面。

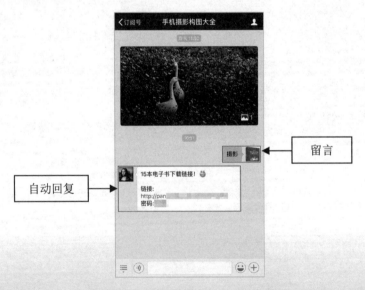

图2-1　"关键词回复"结果显示页面

"关键词回复"的设置对公众号非常关键，接下来我们就对相关操作进行具体解读。

步骤01 进入微信公众号平台后台首页，单击"自动回复"按钮，选择"关键词

回复"选项，进入"关键词回复"界面，单击"添加回复"按钮，如图 2-2 所示，执行操作后，即可进入"关键词回复"设置界面。

图 2-2 "关键词回复"界面

在"关键词回复"设置界面，设置内容包括 3 项：规则名称、关键词和回复内容，我们需要对其一一进行设置。在此以企业或商家寻求合作的情况为例，介绍关键词回复的内容设置。

步骤 02 在"规则名称"一项中，填写简单的能说明具体事由的词或词组，不可超过 60 字，比如，我们可以输入"电子书"，新建一个规则，如图 2-3 所示。

图 2-3 "规则名称"设置

步骤 03 在"关键词"一项中，首先选择"半匹配"选项，然后输入用户发送信息中一定会出现的关键词——"电子书"，之后单击 ⊕ 或 ⊖ 图标，则可添加或删除对应的关键词设置，如图 2-4 所示。

图 2-4 单个"关键词"设置

步骤 04 设置关键词之后，运营者只需在"回复内容"一项中，单击"回复内容"右侧的"添加"按钮 ，就会出现可以添加的 5 种内容形式；在此选择"文字"

选项，如图 2-5 所示。操作完成后，在弹出的"添加回复文字"对话框中，输入回复内容，最后再单击"确定"按钮，如图 2-6 所示。

图 2-5　选择"文字"选项

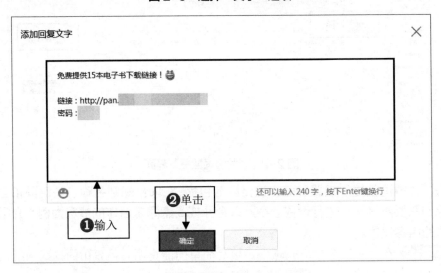

图 2-6　"添加回复文字"对话框

步骤 05　执行操作后，即可在"关键词回复"设置页面显示回复内容，如图 2-7 所示。不知道大家有没有注意到，当将鼠标指针移至回复内容上时，在回复内容的右侧，还会出现 和 图标，单击它们，可分别对回复内容执行相应操作。

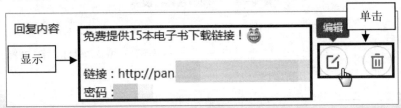

图 2-7　显示回复内容

步骤 06　设置完"关键词回复"的具体内容后，接下来就是为这些内容选择一种合适的回复方式，在此勾选"随机回复一条"单选按钮，然后单击"保存"按钮即可完成新建"关键词回复"设置的全部操作，如图 2-8 所示。

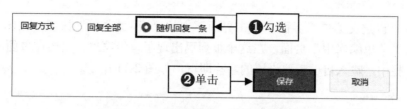

图 2-8 选择回复方式并保存设置

2.1.2 自行分类安排内容

如果企业或者个人要进行微信公众平台运营,那么了解一些与公众号栏目设置相关的知识是非常有必要的。

而自定义菜单管理是设置公众号栏目的一个重要方面,是微信公众号订阅者在点开或者关注某一个微信公众号之后,出现的首页面最下方的几个栏目。图 2-9 所示为"手机摄影构图大全"微信公众号设置的自定义菜单栏目。

图 2-9 "手机摄影构图大全"公众号设置的自定义菜单栏目展示

专 家 提 醒

微信公众号的自定义菜单栏是可以由微信公众平台的运营者自己设置的,因而并不是所有公众号都有菜单栏。

且微信公众平台规定,一个公众号可以添加 3 个一级菜单,而一个菜单下最多可以添加 5 个子菜单。

接下来开始介绍设置"自定义菜单"的操作流程,具体内容如下。

步骤 01 登录进入微信公众平台后台首页,单击功能栏中的"自定义菜单"按钮，进入"自定义菜单"界面，单击界面下方的"+添加菜单"按钮，如图2-10所示。进入"菜单编辑中"页面，在这个页面已出现了一级菜单，只要在页面中的"菜单名称"栏中，输入自己想要设置的名称即可，如图2-11所示。

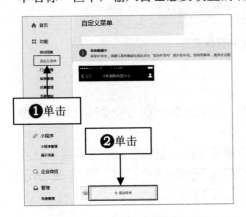

图2-10 "自定义菜单"界面　　　　图2-11 完成一级菜单名称设置

一级菜单名称设置成功之后，运营者需要进行菜单内容设置。在菜单内容设置中，有"发送消息"和"跳转网页"两个选项可以选择，运营者可以根据自己的需求进行选择。

步骤02 单击"构图大师"菜单，选择"发送消息"选项，进入相应页面。如果选择发送图文信息，那么单击"图文信息"按钮，然后单击"从素材库选择"按钮（还可单击"新建图文信息"按钮）设置图文信息，弹出"选择素材"对话框，选择需要的图文信息，然后单击"确定"按钮，即可完成菜单内容的设置，如图2-12所示。

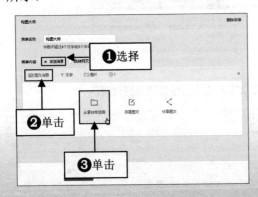 

图2-12 "发送信息"选项设置页面

步骤03 执行上述操作后，返回"发送消息"选项设置页面，并显示选择的素材内容，运营者只需单击"保存并发布"按钮，便可完成对该菜单栏的设置，如图2-13

所示。

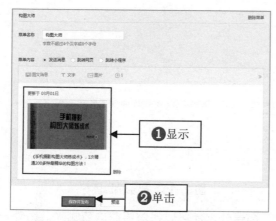

图 2-13 返回"发送消息"选项设置页面

2.1.3 用户留言信息管理

对于微信公众号而言，如果用户想要与平台沟通，那么可以在平台留言，而运营者可以通过微信公众平台后台对这些留言进行管理。下面就介绍"留言管理"功能的具体操作方法。

步骤 01 登录进入微信公众平台后台首页，单击功能栏中的"留言管理"按钮，进入相应界面，移动鼠标指针至一条留言的右侧，可以看到在留言的右侧出现了 3 个图标，分别表示"精选""置顶"和"删除留言"。单击 ☆ 图标，即可进行精选操作，如图 2-14 所示。

图 2-14 设置留言精选

步骤 02 成功设置网友留言精选之后，在留言右侧"操作"栏的下方，就有一个 ★ 图标，如图 2-15 所示，表示留言已精选。当然，如果不小心点错了或者是要把已加入精选的留言撤销，单击 ★ 图标即可撤销精选。

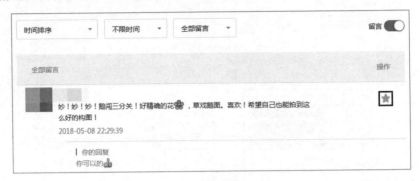

图 2-15　显示精选图标

除了可以"精选"留言外，还可以将留言置顶或删除。另外，用户若查看留言，有时会觉得太多、太繁杂，可以通过该界面留言上方的 3 个选项来进行筛选，如图 2-16 所示，还可通过右上角的搜索框进行搜索。

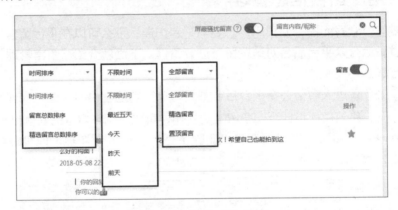

图 2-16　筛选和搜索留言

2.1.4　投票管理平台活动

在微信公众平台上，展开一场有意义的投票活动，不仅可以吸引平台用户参加，增加双方互动，提升用户活跃度，且有些投票活动还可以吸引更多的用户关注公众号，实现快速引流的目标。

在微信公众平台后台，运营者可以新建投票和对已截止的投票进行查看"详情"和"删除"操作。在此将为大家具体介绍"新建投票"的操作方法。

步骤01　登录进入微信公众平台后台首页，单击功能栏中的"投票管理"按钮，进入相应界面，单击"新建投票"按钮，如图 2-17 所示。

图 2-17 单击"新建投票"按钮

步骤 02 进入"投票管理/新建投票"页面设置投票信息，首先在该页面设置"投票名称"和投票的"截止时间"，然后在下方的"问题"区域，设置其"标题""选择方式"和各个选项，如图 2-18 所示。

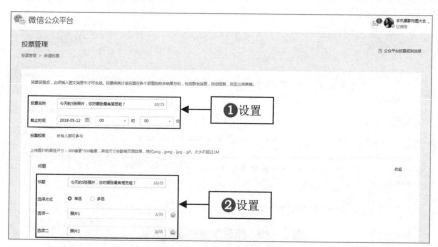

图 2-18 设置"新建投票"信息

专 家 提 醒

在"投票管理/新建投票"页面，默认的"问题"只有一个，问题的"选项"只有 3 个，如果运营者有多个问题或更多的选项，可以自行添加。

步骤 03 设置完成后，可以单击"预览"按钮扫描二维码预览新建投票。确认无误后，单击"保存并发布"按钮，弹出"发布投票"对话框，显示"发布投票后投票将不可编辑，是否发布？"提示，运营者如果确认发布，单击"发布"按钮，如图 2-19 所示，即可发布新建的投票。

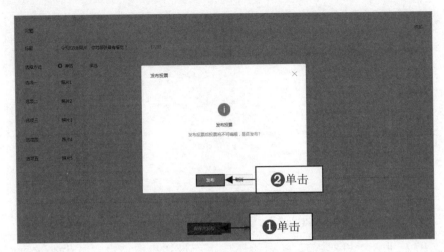

图 2-19 "发布投票"对话框

步骤 04 执行操作后,返回"投票管理"页面,在该页面会显示新建的投票信息,如图 2-20 所示。

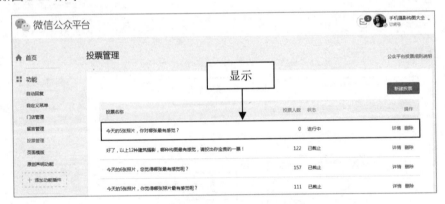

图 2-20 新建投票的效果展示

2.1.5 页面模板清晰排序

通过微信公众平台的"页面模板"功能,运营者可以在按照一定顺序导入控件和素材之后,复制链接到自定义菜单上对外发布。可见,通过页面模板的添加和设置,可以让用户更加快速地找到需要的信息,更加系统地阅读推送的图文内容。

在微信公众号后台,运营者不仅可以添加模板,还可以对已添加的模板进行编辑和修改。接下来就以添加模板为例,介绍具体的操作方法。

步骤 01 登录进入微信公众平台后台首页,单击功能栏中的"页面模板"按钮,进入相应界面,然后单击"添加模板"按钮,如图 2-21 所示。

图 2-21 单击"添加模板"按钮

步骤 02 进入选择模板页面,有"列表模板"和"封面模板"两类模板,单击"选择"按钮选择封面模板,如图 2-22 所示。执行操作后,进入"页面模板/编辑页面"页面,在其中可以设置上方的封面文章、下方分栏及文章等内容。首先,设置封面文章,单击右侧的"添加"按钮,如图 2-23 所示。

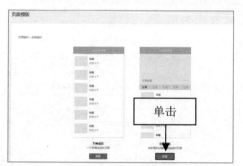

图 2-22 选择模板   图 2-23 单击"添加"按钮

步骤 03 弹出"从素材管理中选择"对话框,在"已发送"页面,选择相应的文章(最多可选择 3 篇文章),单击"确定"按钮,如图 2-24 所示,即可为封面添加文章。如果运营者对目前的封面文章排序有调整,可返回"页面模板/编辑页面"页面后,单击"添加"按钮右侧的"排序"按钮,然后拖动文章标签即可调整顺序,如图 2-25 所示,调整好后,单击"保存"按钮即可完成排序操作。

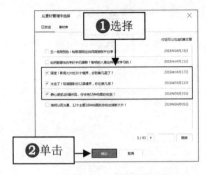
图 2-24 选择封面文章

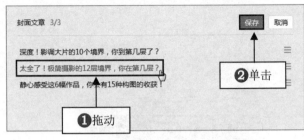
图 2-25 对封面文章进行排序

2.1.6 原创声明保护版权

在微信公众平台上,如果推送的是自己原创的文章,运营者应该在文章中声明原创,以便保护自身权益。那么这一功能具体该怎么运用和操作呢?本小节将一步步详细展示给读者。

步骤 01 登录进入微信公众平台后台首页,单击功能栏中的"原创声明功能"按钮,进入相应界面。在"原创文章"页面,有"原创文章管理"和"长期转载账号管理"两个选项,选择"原创文章管理"选项进入相应页面,在页面右侧的"操作"栏下方,可通过单击"分享与转载详情"按钮查看相关情况。在此,单击"可转载账号"按钮,如图 2-26 所示。

图 2-26 单击"可转载账号"按钮

步骤 02 执行操作后,进入相应文章的转载账号管理页面,如图 2-27 所示,该页面有"单篇可转载账号"和"长期可转载账号"两项。其中,单击"长期可转载账号"右侧的"管理"按钮,与选择"原创文章"页面的"长期转载账号管理"选项后进入的页面相同。在此,单击"单篇可转载账号"右侧的"添加"按钮。

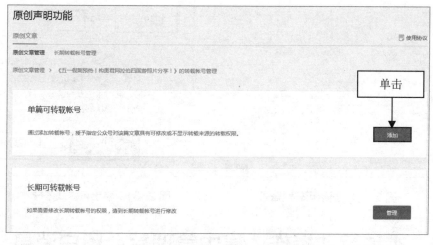

图 2-27 单击"添加"按钮

步骤 03 弹出"添加转载账号"对话框,在"填写公众号"页面,在右侧勾选公众号,然后单击"下一步"按钮,如图 2-28 所示。当然,如果页面右侧没有要转载的公众号,也可在左侧的搜索框中搜索并选择。

步骤 04 执行操作后,进入"设置该账号权限"页面,可以看到"可修改文章"和"可不显示转载来源"两项权限,在此勾选"可修改文章"权限,单击"确定"按钮,如图 2-29 所示。

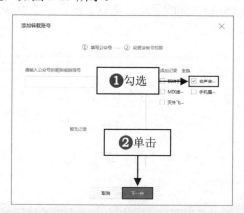

图 2-28 选择可转载的公众号

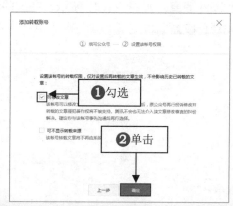

图 2-29 选择转载权限

步骤 05 执行操作后,返回文章的"转载账号管理"页面,显示了添加的可转载账号,如图 2-30 所示。

如果运营者想取消该账号的转载权限,可单击图 2-31 中的"移出"按钮,在弹出的页面中单击"移出"按钮。

图 2-30　显示可转载账号

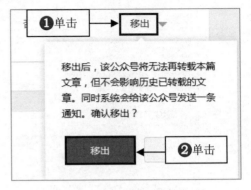

图 2-31　移出可转载账号

2.2　4 种互动操作，集中管理后台用户消息

微信公众号后台的消息管理，可通过单击消息板块的"消息管理"按钮进入相应页面来进行设置，实现与用户互动。下面介绍有关后台消息管理的操作方法。

2.2.1　用户信息收藏管理

在"消息管理"页面，有一个选项是"已收藏的消息"，选择该选项，就可查看已收藏的消息，如图 2-32 所示，在这些消息的右侧明显可以看到★标记，这就表示该消息已收藏。

图 2-32　显示已收藏的消息

当运营者决定要收藏某一消息时，应该怎么操作呢？具体方法是：进入"全部消息"页面，选择某一有用的消息，单击其右侧的"收藏消息"图标★，如图 2-33 所示，即可完成消息的收藏。如果要取消收藏，再次单击"取消收藏"图标★即可。

图 2-33 单击"收藏消息"按钮

2.2.2 用户信息快捷回复

在"收藏消息"按钮右侧还有一个按钮,那就是"快捷回复"按钮,单击该按钮,即可显示回复的文本框,如图 2-34 所示,在文本框中输入信息,输入完成后单击"发送(Enter)"按钮,即可完成操作。

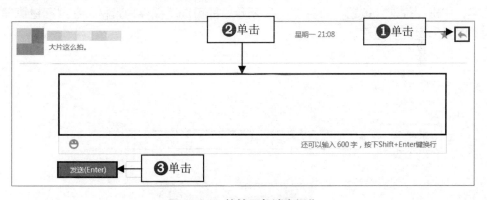

图 2-34 快捷回复消息操作

专 家 提 醒

运营者要注意的是,"消息管理"页面最多只能显示 5 天内的消息,并且只有 48 小时内的消息才能主动回复并发送消息给用户,因此,运营者要注意及时查看消息并进行回复,参与互动。

2.2.3 用户素材保存下载

当用户发送的消息中有多媒体文件时，如图片，就可单击 图标，进行"保存为素材"或"下载"操作，如图 2-35 所示，具体操作步骤如下。

图 2-35 "保存为素材"和"下载"按钮

单击"保存为素材"按钮，进入"填写素材名字"对话框，在输入框中填写素材名字，单击"确认"按钮，如图 2-36 所示，即可成功保存为素材，在"素材管理"的"图片"页面可查看。

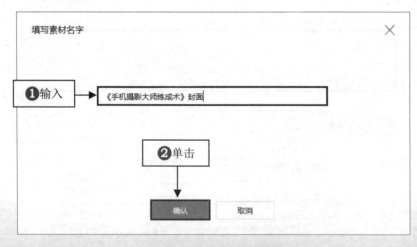

图 2-36 保存素材设置操作

单击"下载"按钮，弹出"新建下载任务"对话框，在其中设置名称和保存位置，然后单击"下载"按钮即可完成下载操作，如图 2-37 所示。

图 2-37 下载图片设置

2.2.4 用户信息隐藏与屏蔽

在 2.2.2 节中曾提及，最多只能显示 5 天内的消息，在这一基础上，运营者还可对消息显示进行设置，在"全部消息"页面中有"隐藏关键词消息"和"屏蔽骚扰消息"两个复选框，把它们勾选，如图 2-38 所示，那么平台能自动回复的关键词消息和一些骚扰消息将不会显示在"全部消息"页面中。

图 2-38 信息隐藏与屏蔽设置

2.3 两项基础设置，做好用户资料库的建设

对用户进行高效管理是微信公众号运营中的一个重要内容，管理得好，才能更好地用好用户资料库。下面就介绍有关用户管理方面的具体操作。

2.3.1 给用户打上标签

对运营者来说，用户之间都是有相同点和不同点的，按照一定的方法进行分类，也就是给用户贴上标签，才能系统化地管理好用户。而要进行用户分类的操作，首先就要在微信公众号后台新建用户标签，具体操作方法如下。

进入微信公众号后台首页，单击"用户管理"按钮，在"已关注"页面的右侧单击"+新建标签"按钮，在弹出的输入框中输入标签名称，最后单击"确定"按钮，如图2-39所示，即可完成一个用户标签的新建操作。

图2-39 新建用户标签的操作

按照上述同样的方法，创建其他用户标签。完成用户标签的创建后，接下来就是为所有关注的用户打上相应的标签，具体操作如下。

在"已关注"页面的"全部用户"区域，勾选所有要打上某一标签的用户，单击"打标签"按钮，在弹出的列表框中勾选用户标签，然后单击"确定"按钮，如图2-40所示，即可为用户打上标签，完成后台用户归属操作。

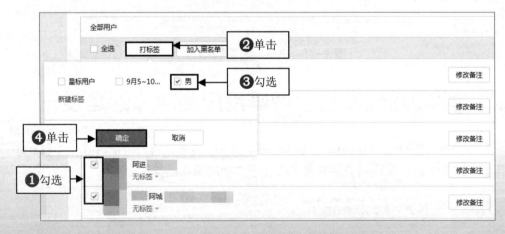

图2-40 为用户打标签

2.3.2 公众号黑名单设置

如果用户在微信公众号中发表不文明的言论，运营者可以通过加入黑名单的方式，让其失去在公众号发表言论的权利，具体操作如下。

在"已关注"页面，选择需要加入黑名单的用户，单击"加入黑名单"按钮，在弹出的页面中单击"确定"按钮，如图 2-41 所示，即可完成把某些用户加入黑名单的操作。

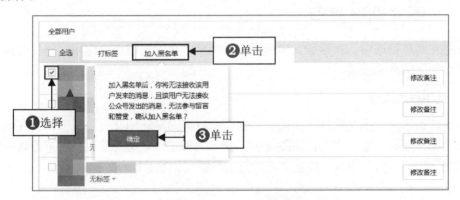

图 2-41 加入黑名单操作

如果运营者想把用户从黑名单里移出，也是非常简单的，具体操作如下。

在"黑名单"页面勾选要移出黑名单的用户，单击"移出黑名单"按钮，在弹出的页面中单击"确定"按钮，如图 2-42 所示，即可完成操作。

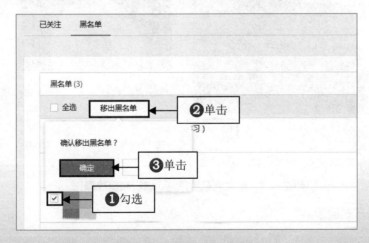

图 2-42 移出黑名单操作

2.4　4类素材管理，随时存储各种有用内容

在微信公众号后台的"素材管理"页面，包含图文消息、图片、语音和视频等素材内容。下面将介绍该页面的一些基本操作，希望能帮助读者熟练掌握各类素材的应用和设置。

2.4.1　图文消息管理

在图文消息管理中，新建图文消息是主要内容，在此将重点介绍图文消息的基本管理操作和展示方式设置。

1. 基本管理操作

当运营者进入"图文消息"页面，将鼠标指针移向某一图文消息时，就会在图文消息上显示"预览文章"字样，如图 2-43 所示，单击即可进行预览；在下方则会显示"编辑"和"删除"图标，单击即可对其进行编辑和删除操作。

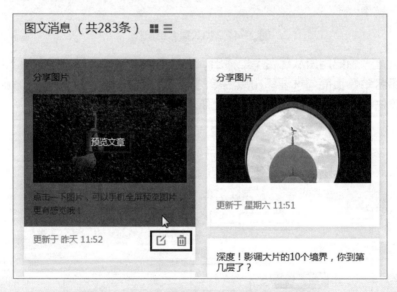

图 2-43　图文消息的预览、编辑和删除操作

2. 展示方式设置

在"素材管理"页面，默认的展示方式是"卡片视图"，如图 2-44 所示；如果运营者想改变展示方式，还可单击"列表视图"按钮，如图 2-45 所示。

图 2-44 "卡片视图"展示方式

图 2-45 "列表视图"展示方式

2.4.2 图片素材管理

在素材管理中,"图片"的管理同样很重要。当然,图片的管理大体上与其他素材相似,在此主要介绍其不同于其他素材的设置方式。

1. 图片上传

这里的"上传"特指图片的上传,操作非常简单。具体操作是:进入"图片"页面,在该页面的右侧单击"上传"按钮,弹出"打开"对话框,在其中选择图片,单击"打开"按钮,即可完成图片的上传。

2. 图片分组

在"图片"页面的上方,显示了一些已有的分组信息,除此之外,在右侧还有一个"新建分组"按钮,单击该按钮,在弹出的页面中输入分组名称,然后单击"确定"按钮即可新建分组,如图2-46所示。

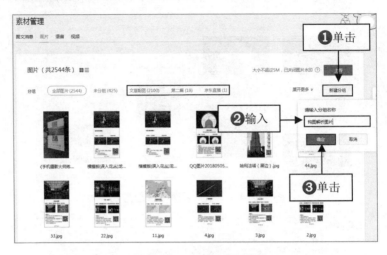

图2-46 新建分组操作

把鼠标指针移至图片上,会在图片的右侧出现图标,单击该图标,在弹出的下拉列表中选择"移动分组"选项,如图2-47所示。执行操作后,弹出相应页面,单击相应分组名称,再单击"确定"按钮,如图2-48所示,即可完成图片的分组操作。

图2-47 移动分组操作(1)

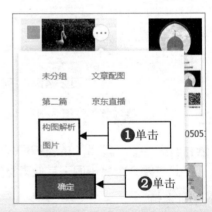

图2-48 移动分组操作(2)

2.4.3 语音素材管理

在"语音"页面,每一个语音素材的右侧都有"下载""编辑"和"删除"图标。在此以编辑语音为例介绍语音素材的管理,具体操作如下。

进入如图 2-49 所示的"语音"管理页面，单击"添加"按钮；操作完成后，弹出"编辑语音"对话框，在该对话框中可更改语音素材的"标题"和"分类"设置，如图 2-50 所示。

图 2-49 "语音"管理页面

图 2-50 "编辑语音"对话框

2.4.4 视频素材管理

与"语音"素材管理相比，"视频"素材管理的操作设置少了"下载"按钮。在视频素材的管理中，对现有视频素材的编辑页面和添加新的视频素材的页面相似，因此，在此以添加视频素材为例进行介绍。

单击"视频"页面右侧的"添加"按钮，跳转到"添加视频"页面，然后单击"上传视频"按钮上传视频，上传并审核完成后，接着设置视频的"标题""分类""标签"和"介绍语"，并勾选"开启留言"复选框，选择留言方式，然后勾选下方的"我已阅读并同意《腾讯视频上传服务规则》"复选框，最后单击"保存"按钮，如图 2-51 所示，即可完成视频素材的添加。

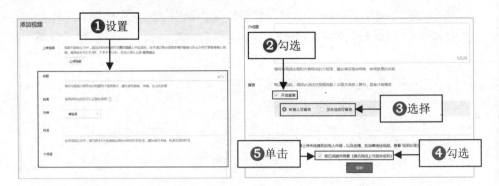

图 2-51 "添加视频"对话框

2.5 两种运营策略，通过推广轻松获取收益

在推广管理板块有"广告主"和"流量主"两大功能，它们是借助平台进行广告推广和以推广广告获利的途径。本节将对推广管理的相关内容进行简要介绍。

2.5.1 公众号广告投放

公众号广告是目前一种主要的广告途径，同时也是"广告主"功能中推出的一种广告形式。关于公众号广告投放管理的基本操作如下。

步骤 01 进入"广告主"页面并切换到"公众号广告"页面，单击"新建广告"按钮，如图 2-52 所示。

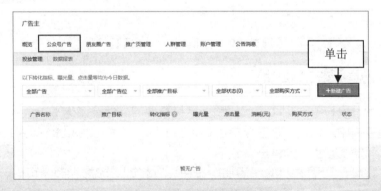

图 2-52 公众号广告页面

步骤 02 操作完成后，弹出"创建广告"对话框，在该对话框中设置"推广目标"和"广告位置"，然后单击"确定"按钮，如图 2-53 所示，即可完成公众号广告的推广操作。

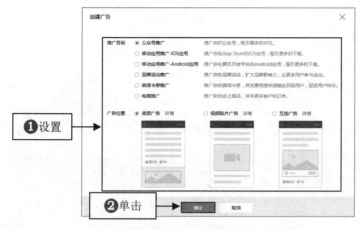

图 2-53 "创建广告"对话框

2.5.2 流量主功能设置

在"流量主"页面,有"报表统计""流量管理""财务管理"和"公告信息"四个选项。其中,"报表统计"是对那些与计算推广收益相关的各项数据进行的统计;"财务管理"是对流量主广告收入的结算;"公告消息"是指收到的与流量主相关的运营消息。

关于"流量管理"选项,在此将进行重点介绍。切换至"流量管理"页面,如图 2-54 所示,运营者不仅可以对底部广告的状态进行设置,还可以单击"广告主黑名单"区域下方的"+"按钮添加广告主黑名单,列入黑名单的微信公众号广告将不会显示在图文消息中。

图 2-54 "流量管理"页面

第 3 章

爆文打造：看看 10W+ 应该有的模样

学前提示

标题、图片、正文这三样可谓是一篇公众号文章的精华，一篇文章能否成为爆文，关键在于这 3 个方面。

标题在很大程度上决定了文章的打开率、图片代表了文章的颜值、正文蕴含文章的价值，每一样都不容运营者忽视。

要点展示

- 6 种正文形式，选择爆文的展示方式
- 4 种写作类别，选择爆文的行文思路
- 7 种标题风格，给你想要的爆文效果
- 8 种配图策略，让你的图片更加吸引眼球

3.1 6种正文形式，选择爆文的展示方式

微信公众平台发布内容的形式可以是多样的，每种样式都有自己的特色，能给读者带来不同的阅读体验。因此，微信公众平台运营者要掌握每种形式。作者总结后得出，微信公众平台发布正文主要有6种形式，下面就为大家介绍。

3.1.1 纯文字型

文字型的正文指的是整篇文章中除了邀请读者关注该公众号的图片或者是文章尾部该微信公众号的二维码图片之外，文章要表达的内容都是用纯文字描述。这类正文形式常见于文学性或科研性较强的公众号。

这种形式的正文不是特别常见。因为如果字数多、篇幅长，容易导致读者阅读疲劳从而产生抵触心理。所以，微信公众平台经营者在推送文章的时候，应尽量少使用这种形式来传递信息。

3.1.2 图片为主型

图片为主型指的是在整篇公众号文章中，正文内容都是以图片表达的，没有文字或者文字已经包含在图片里面了。这类正文形式常见于漫画类公众号，如图 3-1 所示，是"顾漫"微信公众号推送的一篇以图片形式传递正文的文章案例。

图 3-1　用图片形式传递微信公众平台正文的案例

3.1.3 图文结合型

图文结合型,其实就是将图片跟文字相结合的一种形式。该形式是大部分公号采用的内容形式,图文结合能有效传达信息,是一种视觉感受比较舒服的内容形式,适合配图型或图解性较强的公号内容。

其正文呈现形式可以是一张图也可以是多张图,这两种不同的图文形式,呈现出的效果也是不一样的。如果微信公众号发布的是一张图消息,那么点开文章,可以看见的是一张图片配一篇文字。如图 3-2 所示,我们来欣赏一下公众号发布的一张图的文章的部分内容。

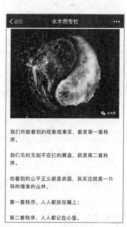

图 3-2　配一张图的公众号文章案例

如果微信公众号发布的是多张图消息,那么点开文章看见的就是一篇文章中配多张图片。如图 3-3 所示为"会声会影 1 号"公众号推送的多张图文章案例。

图 3-3　配多张图的公众号文章案例

3.1.4 视频展示型

视频展示型是指各大商家将宣传的卖点拍摄成视频,发送给广大用户。它是当下很热门的一种正文形式。

相比文字和图片,视频更具备即视感和吸引力,能在第一时间快速地抓住受众的眼球,从而达到理想的宣传效果。以微信公众平台"抖音短视频"为例,它经常会在文章中插入一些原创视频,如图 3-4 所示。

图 3-4　以视频配合正文的案例

3.1.5 语音传达型

语音传达型是指平台运营者通过语音的形式发送正文。这种形式可以拉近与用户的距离,使用户感觉更亲切。如图 3-5 所示,是非常有特色的微信公众号"罗辑思维"以语音形式推送微信公众平台内容的案例。

图 3-5　以语音形式推送内容的案例

3.1.6 综合运用型

顾名思义，综合运用型就是将上述 5 种形式综合起来，运用在一篇文章里。

这种形式可谓是集几种形式的特色于一身，兼众家之所长，能够给读者最极致的阅读体验，让读者在阅读文章的时候不会感觉到枯燥乏味。运用这种形式能够吸引更多的读者，提高平台粉丝的数量。

如图 3-6 所示，是以情感和哲理为主的微信公众号"一禅小和尚"使用综合形式传递微信公众平台正文的案例。

图 3-6　微信公众号"一禅小和尚"以综合形式推送内容的案例

3.2　4 种写作类别，选择爆文的行文思路

要想写出好文，就需要掌握一些文章正文创作类型，比如，故事型正文、悬念型正文等。根据文章素材和文章作者写作思路的不同，文章正文的写作类型也不同。接下来，作者将为大家介绍几种常见的正文写作类型。

3.2.1　故事代入类

故事型的文章正文是一种容易被用户接受的正文题材，一篇好的故事型正文，很容易让读者记忆深刻，拉近创作者与读者之间的距离，生动的故事容易让读者产生代入感，对故事中的情节和人物也会产生向往之情。新媒体内容运营者如果能写出一篇好的故事型正文，就会很容易找到潜在读者。

对于新媒体内容运营者来说，如何打造一篇完美的故事型文章呢？故事类的文章写作最好满足以下两个要点。

- **合理性**：故事要合理，不合理的故事很容易被拆穿，让读者看出广告成分。
- **艺术性**：故事要有一定的加工，毕竟艺术来源于生活又高于生活，但不能太夸张。

> **专家提醒**
>
> 运营者若打算采用故事型的文章，将某样产品植入文章营销的时候，可以根据产品的特色，将产品关键词提炼出来，然后将产品关键词放到故事线索中，贯穿全文，让读者读完之后印象深刻。

3.2.2 逆向思维类

逆向思维就是要敢于"反其道而思之"，让思维向对立面的方向发展，从问题的反面深入地进行探索，树立新思想，创立新形象。

逆向型正文的写法指的是不按照大家惯用的思维方法去写文章，而是采用反向思维的方法进行思考、探索。人们的惯性思维是按事情的发展正方向去思考某一件事情，并且寻找该事件的解决措施，但是，有时候换一种思考方向可能事情会更容易解决。

新媒体内容运营者在写作逆向型正文时，有3种逆向思维方式可以参考，具体如图3-7所示。

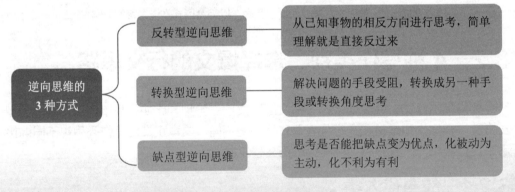

图3-7 逆向思维的3种方式

3.2.3 悬念设置类

所谓悬念，就是人们常说的"卖关子"。设置悬念是常用的一种写作手段。新媒体内容运营者通过悬念的设置,激发读者丰富的想象和阅读兴趣,从而达到吸引读者阅读的目的。

正文的悬念型布局方式,指的是在正文中的故事情节、人物命运进行到关键时设置疑团,不及时作答,而是在后面的情节发展中慢慢解开,或是在描述某一奇怪现象时不急于说出产生这种现象的原因。这种方式能使读者产生急切的期盼心理。

也就是说,悬念式正文就是将悬念设置好,然后嵌入到情节发展中,让读者自己去猜测、去关注,等到吸引了受众的注意后,再将答案公布出来。制造悬念通常有三种常用方法,具体如下:

- **设疑**:在文章的开始就提出疑问,然后在文中一步一步地给予解答。
- **倒叙**:先把读者最关注的和最感兴趣的内容摆出来,然后再提出悬念,并慢慢阐述原因。
- **隔断**:这是一种叙述头绪较多时的悬念制造方法。当一个头绪解说到关键时突然中断而改叙另一个,而读者会表现出对前一个头绪迫切的阅读心理,悬念由此而生。

3.2.4 创意表达类

内容运营者从不同的角度,进行文章创意写作,**可以增加读者的新鲜感**,读者一般看到不常见的事物,往往会花费一点时间来"摸清底细",从而就有可能耐心地通读正文,从而让运营者达到营销的目的。

创意式文章的写作,可以通过多种形式来实现,其中,制造商品热卖和紧俏场景、剑走偏锋就是比较有效的方法。如今,有很多销售行业的新媒体内容运营者,为了在内容营销里脱颖而出,就使用了不走常规的形式,而找一些新的、不同以往的办法来解决问题,以求出奇制胜,来吸引读者的注意力。

在文章写作中也是如此,在读者已经对如同潮水一般的文章营销有了审美疲劳的时候,就需要想办法给读者和消费者打一针强心剂,而拥有不同思维的创意写作,就是最具效果的。

3.3 7种标题风格,给你想要的爆文效果

要做好微信公众号运营,学会拟写公众号文章标题是非常必要的,有吸引力的文章标题才会给公众号带来更多的读者和流量。经典公众号标题有以下几种类型,现在就为大家详细介绍一下。

3.3.1 引发情感上的共鸣

所谓"煽动性",指的是精准抓住目标群体的隐藏欲望,利用一些特定的词汇引起他们诉求上的共鸣,形成这一效果的话语和其他要素就是具有煽动性的。在公众号中,一些情感类的软文转发的实现,就在于标题是否能煽动读者的情绪和情感,能否引起读者的共鸣。

在软文标题中适当添加具有煽动性的词汇,可以提高文章的点击率。

图 3-8 中的两篇文章,都是在标题中利用煽动性的话语来吸引读者注意的。

图 3-8 具有煽动性的软文标题案例

第一篇的标题中,"距母亲节只剩 4 天,难道想等妈妈提醒你吗?"是带有反问的话语,把"母亲节只剩 4 天"和"想等妈妈提醒你吗?"进行组合,能激发读者强烈的好奇心。

后一篇的标题中,用"可能只是比你会洗脸!"这一惊叹的句式来煽动读者的情绪,使读者产生疑惑,"那要怎样洗脸呢?",基于前面的煽动性情绪影响,读者是很乐于去了解软文内容的。

3.3.2 留下无限想象空间

在公众号文章标题中,利用意思不明的表达方式来营造一个非常广阔的想象空间,让读者可以尽情畅想余下和隐藏部分究竟是什么样的内容。

一般来说,读者在畅想的同时还会有一种想要知道"正确答案"是什么的心理,以此调动读者的好奇心，促使读者去阅读软文，最终实现软文阅读量的提升。图 3-9 所示为公众号上能引发读者好奇心的文章标题案例。

图 3-9　引发好奇心的软文标题案例

图 3-9 中的两篇文章标题中"这样""这才是"等词汇，在提出问题的同时能激起读者的好奇心，促使读者去阅读软文。

3.3.3　带来心灵上的冲击

不少人认为："力量决定一切"。这句话虽然有些绝对化，但还是有着一定的道理的。而冲击力作为力量范畴中的一员，在公众号文章的撰写中有着独有的价值和魅力。

所谓"冲击力"，是指文章对人视觉和心灵的触动力量，也即引起读者关注的原因所在。

在具有冲击力的文章标题撰写中，要善于利用"最""第一次"和"比……还重要"等类似的较具有极端性特点的词汇——因为读者往往比较关注有突出特点的事物。

图 3-10 所示为一些带有冲击感的微信公众号软文标题案例。这两篇文章的标题就含有"比……重要""第一次"等冲击性的词汇，给读者造成了一种视觉乃至心理上的冲击。

图 3-10 带有冲击感的文章标题案例

3.3.4 用数字增加说服力

在出版和编辑领域，阿拉伯数字一般用来表示现实生活中存在的确切的数据，与汉语中表示概数的如"三四个""五六张"等数字不同，它是一种精确的客观存在的体现。

因此，撰写含有列举、概括性数字的文章标题，具有多方面的优势，主要有最具模仿性、客观直接和具有信服力这三方面的优势。

基于数字式标题的撰写优势，在公众号运营中，可以大力加以运用，这不仅能增加文章标题的可信性和可读性，还能节省构思和撰写文章标题的时间，是一种值得提倡的软文标题撰写方法。图 3-11 所示为一些数字式的微信公众号文章标题案例。

图 3-11 数字式文章标题案例

3.3.5 借助设问给出答案

相比于普通、平实的陈述,设问的句式往往更能获取读者的关注。设问式文章标题可以通过对为什么、是什么、怎么做的问答,暗示读者有疑惑存在,调动读者的好奇心,从而刺激读者阅读文章、了解答案。

如图 3-12 所示,为公众号上的一些设问式文章标题。

图 3-12 设问式文章标题案例

3.3.6 名人效应增加认同

人的崇拜心理自古有之,如远古时期的图腾崇拜、民族战争中对民族英雄的崇拜等。这一崇拜心理发展到现在,有了更广阔的延伸,发展为追星、关注名人和偶像等多个维度。

而把这种心理因素的影响应用到文章标题撰写中,就体现为人们常说的"名人效应"。在文章标题中加入"名人"这一元素,往往能提升软文的信服感,因为在大多数读者看来,名人在一定程度上代表的是"权威"。

图 3-13 所示为加入了"名人"元素的文章标题案例,与其他类型的标题相比,往往更容易吸引普通大众,特别是对标题中"名人"的相关信息有兴趣的受众。

图 3-13 加入名人元素的文章标题案例

3.3.7 借力热点产生轰动

网络平台的热点是比较容易被检索和关注的,是一种能够引发传播的资源。在文章标题中引入网络流行语和涉及热点事件的词汇,对文章传播有望产生轰动式的效果。

而这种标题形式对平台运营和文章推广来说,起到了效率与效果二者兼顾的作用——既实现了文章标题撰写上的简便,又利用热点词汇这一自带流量的元素实现了不错的传播效果。图 3-14 所示为一些公众号借助《复仇者联盟 3:无限战争》上线这一事件进行文章标题撰写的案例。

图 3-14 运用热点撰写文章标题的案例

3.4 8种配图策略,让你的图片更加吸引眼球

新媒体运营者在运营微信公众号时,如果想要让自己公众号上的图片变得更加吸引人,达到一图胜过千言万语的效果,引爆读者眼球,那么就需要对图片进行精雕。下面为大家介绍一些实用的文章配图技巧。

3.4.1 引人注目的主图

文章的主图指的是打开一个公众号时,读者能够看见的文章列表栏中头条文章配的图。文章的主图设置得好坏,会影响到读者点开文章阅读的几率,一张漂亮、清晰的主图,能瞬间吸引读者的眼球,从而让读者有兴趣进一步阅读。图 3-15 所示为公众号文章主图示例。

 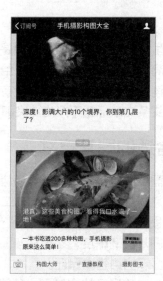

图 3-15 文章主图示例

封面是非常重要的,一个精美的封面,能够给平台带来的阅读量是不可估量的,对于封面图片的尺寸,微信平台给出的建议是:如果是小图片,建议 200 像素×200 像素。作者给出的建议是:900 像素×500 像素,有时候,图片尺寸过大或者过小,很容易造成图片被压缩变形,那样出来的效果就会大打折扣了。

3.4.2 同样重要的侧图

文章的侧图指的是微信公众号文章列表中除了头条文章之外的文章所配的图片,如图 3-16 所示。

图 3-16 文章侧图示例

文章侧图虽然占的比例比较小,但是也不可以忽视它的作用,它有着跟主图一样的效果,能提高文章的阅读量以及能够给读者提供良好的阅读体验,使得微信公众号能获得更多的读者支持。侧图的选择没有固定的标准,可以是实物图片,也可以是文字标签,与非头条文章标题不产生冲突即可。

3.4.3 合适的图片尺寸

图片除了需要注意选择颜色外,还应该注意选择合适的尺寸。尺寸主要包括两个方面,一是图片本身的尺寸,即像素;二是排版后图片的显示尺寸。

软文中的图片在排版后的尺寸一般有一个固定范围,不可能做太大的调整,因此,为了保持图片的清晰度,必须注意图片本身的尺寸,以提高图片的分辨率,这是实现图片高清显示的最基本保证。

然而,图片高清显示的容量大小又关系到读者点击阅读软文信息时的用户体验,因此,在保持图片的高分辨率、不影响观看和顺利上传、快速打开的情况下,怎样处理图片容量大小成为一个非常关键的问题。

3.4.4 恰好的色彩搭配

微信公众号的图片颜色搭配要合适才更能吸引读者的眼球。图片的颜色搭配合适能够给读者一种舒适、耐看的视觉体验。对微信公众号而言,一张图片颜色搭配要合适,需要重点把握两个方面,具体介绍如下。

1. 图片色彩明亮

在一般情况下，微信公众号的图片要尽量色彩明亮，因为活泼的颜色更容易让人产生舒适感，这样的图片能增加公众号的点击量。这主要是因为色彩明亮的图片，能让读者眼前一亮，从而基于好奇心阅读相关文章，直接提高文章的点击率。

一般人在阅读文章的时候都希望能有一个舒适的阅读氛围，在压抑的环境阅读不仅使用户感到不适，也会对公众号形象产生不好的影响。而色彩明亮的图片就不会使读者产生压抑、沉闷的感觉，所以要尽量选择色彩明亮的图片。

2. 适合文章内容

在选择图片的时候还需要考虑是否与发表文章的内容相适宜，如果公众号推送的内容是比较严肃、伤感的，则不可使用太过跳跃的颜色，否则会使文章的阅读体验打折。

3.4.5 图片数量的取舍

数量合适是指图片的多少，这可以从以下两方面来理解。

1. 排版所用图片的多少

每个公众号都有自己的特色，有的公众号在文章内容排版的时候会选择使用多个图片的形式。如图 3-17 所示，是"手机摄影构图大全"微信公众号推送的多图片排版文章的部分内容展示。

图 3-17　"手机摄影构图大全"公众号多图片的文章排版展示

当然，有的微信公众号在进行文章内容排版的时候，在正文中插入的图片相对较少。如图 3-18 所示为微信公众号"罗辑思维"中的一篇文章，在该文章中只使用了两张图片。

图 3-18　"罗辑思维"公众号内少量图片的文章排版展示

2. 推送图文的多少

推送图文的多少是指一个公众号每天推送的文章数量。细心的读者会发现，有的公众号每天会发送好几篇文章，而有的公众号每天只会推送一篇文章。公众号推送的图文越多，所用的侧图就会越多，反之亦然。

如图 3-19 所示，是每天推送的图文多的公众号"新榜"；而图 3-20 所示，则是每天推送的图文少的公众号"第九程序"。

图 3-19　推送图文多的公众平台　　图 3-20　推送图文少的公众平台

3.4.6 用长图文博取关注

长图文也是使微信公众平台的图片获得更多关注的一种好方法。长图文是指将文字与图片融合在一起,以提升文章的阅读量。

名为"伟大的安妮"的微信公众号,由于内容的特殊性,其平台发布的文章采用的都是长图文的形式,以图片加文字的漫画形式描述内容,其发布的文章阅读量都非常高。如图3-21所示,为该公众号上的某篇文章的部分内容。

图3-21 公众号"伟大的安妮"长图文文章部分内容欣赏

3.4.7 动图更讨人喜爱

很多微信公众号在放图片的时候都会采用GIF动图形式,这种会动的图片确实能为公众号吸引不少读者。

GIF格式的图片,相对于传统的静态图,其表达能力更强大。静态图片只能定格某一瞬间,而一张动图则可以演示一个动作的整个过程,因此其效果会更好。

这些动图在文章中有的是作为正文内容的一部分,有的则只是在文中装饰作用,还有的是在文末起邀请关注的作用。

如图3-22所示,是微信公众号"冷兔"发布的GIF格式的动图文章,图片内容非常生动。如图3-23所示,是微信公众号"爆笑gif图"发布的GIF格式的图片,图片内容非常搞笑。

图 3-22 "冷兔"发布的 GIF 格式图片　　图 3-23 "爆笑 gif 图"发布的 GIF 格式图片

3.4.8　印上公众号标志

运营者可以尝试给图片印上公众号标志,让图片具有独特性。给图片印上公众号标志通常有两种方式,一是在正文前方的图片中展示公众号的特色;二是给文中的图片打上公众号的水印。如图 3-24 所示为公众号"手机摄影构图大全"的相关界面,其图片便综合运用了这两种方式。

图 3-24　公众号"手机摄影构图大全"某篇文章的部分内容

可以看到，在左侧图片中，正文前方插入了一张标有"摄影构图专家"字样的图片，而在图片中更是用"1000 多种构图技法+1000 多种场景实拍+10000 多张作品展示。"文字对该公众号的特色进行了介绍，读者一看到该图片，便可以从一定程度上了解该公众号的基本属性。

而右侧的图片则是在右下角标上了公众号名称的水印。这一做法不仅可以让发布的图片直接带上公众号的属性，更能起到宣示主权的作用，让读者一看图片就能知道来源，避免他人盗用图片。

第 4 章

引流增粉：轻松获取上百万精准粉丝

> **学前提示**
>
> 粉丝的多少在一定程度上决定了一个公众平台获利的多少，因此运营者一定要吸引足够多的粉丝才能让公众平台火起来。
>
> 本章主要向运营者介绍最常用的吸粉引流平台，以及吸粉引流的方法和过程，让公众号运营者获取上百万精准粉丝。

要点展示

- 5 种热门引流策略，让公众号火起来
- 8 个引流增粉平台，助力粉丝飞速增长
- 5 种其他引流方法，效果同样不容小觑

4.1 5种热门引流策略，让公众号火起来

无论哪种媒体平台，要获得发展，进行宣传引流都是不可或缺的，而宣传引流的效果在一定程度上又取决于引流增粉的技巧。本节将通过 5 种热门引流策略的解读，让运营者的公众号快速火起来。

4.1.1 大号互推

通过爆款大号互推的方法，也就是建立公众号营销矩阵(指的是两个或者两个以上的公众号运营者达成协议，进行粉丝互推)，可以达到共赢的目的。

相信大家在很多的微信公众号中，都曾见过某一个公众号会专门写一篇文章给一个或者几个微信公众号进行推广的情况，这种推广就是公众号互推。这两个或者多个公众号的运营者可能是互相认识的朋友，他(她)们甚至会约定好有偿或者无偿给对方进行公众号推广。

运营者在采用公众号互推吸粉引流时，需要注意的是，两个互推的公众号最好存在互补关系。举个例子，你的公众号是推送健身用品的，那么你在选择互推公众号时，就应该先考虑找那些类似推送瑜伽教程的公众号，这样获得的粉丝才是有价值的。

如图 4-1 所示，是微信公众号"手机摄影构图大全"与微信公众号"拍照这些事"之间进行的一次大号互推合作。据悉，此次合作之后，双方的粉丝都有了一定数量的增长。

图 4-1 微信公众号"手机摄影构图大全"和"拍照这些事"互推

4.1.2 爆文引流

"内容为王"这一理念适用于整个公众号运营过程,在引流方面更是作用巨大,有时候一篇吸引人的爆文能瞬间吸引大量粉丝关注公众号。那么什么样的文章才能称为爆文呢,爆文又应该如何打造呢?下面分别从微观和宏观方面来进行讲解。

1. 微观方面

从微观角度来看,打造爆文需要从一篇文章的因素出发将各部分进行调整和优化,具体方法如图4-2所示。

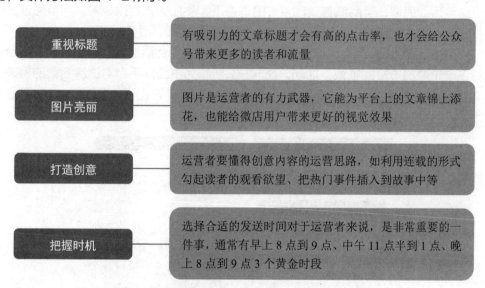

图4-2 从内容的微观因素方面打造爆文的方法

2. 宏观方面

从宏观角度来看,爆文内容应该具备以下3个特点。

(1) 内容要有特色。

在微信公众平台的内容方面,要把握以下两个要点,才能提升平台内容特色。

- **个性化内容**:个性化的内容不仅可以增强用户的黏性,使之持久关注,还让公众号脱颖而出。
- **价值型内容**:运营者一定要注意内容的价值性和实用性,这里的实用是指符合用户需求,对用户有利、有用、有价值的内容。

(2) 增强内容的互动性。

通过微信公众平台,运营者可以多推送一些能调动用户参与积极性的内容,单纯的信息推送没有趣味性,如果与内容相结合,那么就能够吸引更多的人参与其中。

(3) 激发好奇心的内容。

运营者要想让目标用户群体关注公众号，可以从激发他们的好奇心出发，如设置悬念、提出疑问等，往往会有事半功倍的效果，远比其他策略要好得多。

4.1.3 活动吸粉

活动运营不单单只是一个运营岗位，同时也是不断推出新产品的总指挥，无论线上线下，活动运营都是推广产品和引流的必备之选。

运营者可以通过在公众平台上，或者其他平台上开展各种大赛活动，进行吸粉引流。这种活动通常在奖品或者其他条件的诱惑下，参加的人会比较多，而且通过这种大赛获得的粉丝质量都会比较高，因为他们会主动关注公众号的动态。

以微信公众平台"手机摄影构图大全"为例，该平台根据自身的优势，在平台上开展了一个"图书征图征稿"活动，图 4-3 所示为该公众平台对这次活动的相关介绍。该活动在吸引受众投稿的同时，可以迅速让许多有出书意愿的人成为平台的粉丝。

图 4-3　公众平台开展征稿大赛活动的案例

4.1.4 线上微课

线上微课是指按照新课程标准及其教学实践的要求，以多媒体资源(电脑、手机等)为主要载体，记录教师在课堂内外教育教学过程中讲解某个知识点的网络课程。线上微课的主要特点如下：

- 教学时间较短；

- 教学内容较少；
- 资源容量小；
- 资源组成情景化；
- 主题突出、内容具体；
- 草根研究、趣味创作；
- 成果简化、多样传播；
- 反馈及时、针对性强。

比如，公众号"手机摄影构图大全"就推出了一些线上微课，如图 4-4 所示为该公众号某次线上微课的相关页面。

图 4-4 线上微课的相关页面

4.1.5 热词引流

这里的热词指的是受众在搜索公众号时输入的频率较高的词汇。许多人在搜索公众号时都会习惯性地输入一些关键词，而运营者需要做的就是，通过用户定位找到目标用户的核心需求，并用关键词将用户的需求进行呈现。

例如，"手机摄影构图大全"公众号之所以能获得较大的粉丝量，除了其自身的内容过硬之外，热点关键词的运用也起到了不小的作用。因为其针对目标用户在摄影方面的核心需求，在名称上提炼了"摄影""手机摄影"和"摄影构图"等关键词，用户只要搜索这些词汇，便可以看到该公众号，如图 4-5 所示。

图 4-5 公众号搜索"摄影""手机摄影"和"摄影构图"关键词的结果

4.2 8个引流增粉平台，助力粉丝飞速增长

除微信平台外，互联网上还有许多用户量过亿的媒体平台，这些平台各有特色，微信公众号可以利用这些媒体平台的特色，精准定位目标客户。

4.2.1 抖音平台

对于许多运营者来说，虽然当下可用于营销的平台有很多，但是，有一个平台一定是不容错过的，那就是抖音短视频平台。这个 2017 年年末突然大火的社交类平台不仅让多年前的歌曲，如《醉赤壁》《短发》等又火了一把，使海底捞、一点点等平台大放光彩，更带动了重庆洪崖洞、西安摔碗酒和四城稻城的旅游业，其影响力可见一斑。

具体来说，运营者可以通过以下两种方式在抖音上进行公众号宣传。

1. 个人资料设置

抖音个人资料实际上相当于一张名片，如果运营者能够适当地对公众号进行宣传，那么当受众对运营者分享的内容感兴趣时就会主动关注公众号。具体来说，运营者可以通过如下步骤在个人资料中设置公众号信息。

步骤 01 登录抖音，进入"我"页面，点击右上方的■按钮，在弹出的菜单栏中选择"编辑资料"选项，如图 4-6 所示。

步骤 02 进入"个人资料"页面，在该页面的昵称、签名等输入框中，输入相关信息，然后点击右上方的"保存"按钮，如图 4-7 所示。设置成功之后，个人资料便变成了公众号的宣传页面。

图 4-6 选择"编辑资料"选项

图 4-7 "个人资料"页面

专 家 提 醒

在编辑个人资料的过程中，运营者需要避免出现"微信""公众号"等字眼，也不能在头像中放置二维码，否则设置的资料很可能不会通过。

2. 发布作品宣传

个人资料虽然能起到宣传公众号的作用，但是，其所取得的效果在很大程度上还来自于运营者在抖音上发布的作品。另外，在发布的作品中也可以适当对公众号进行宣传。运营者可以通过如下操作，在抖音中发布作品，宣传公众号。

步骤 01 登录抖音，点击默认界面下方的 + 图标，如图 4-8 所示。

步骤 02 进入"选择音乐"页面，点击左上方的 上传↑ 图标，如图 4-9 所示。

步骤 03 在跳转的页面中，点击"照片"按钮，选择需要上传的图片，然后点击右上方的"生成照片电影(3)"按钮，如图 4-10 所示。

步骤 04 进入效果预览页面查看效果，点击右下方的"下一步"按钮，如图 4-11 所示。

图 4-8 抖音默认页面

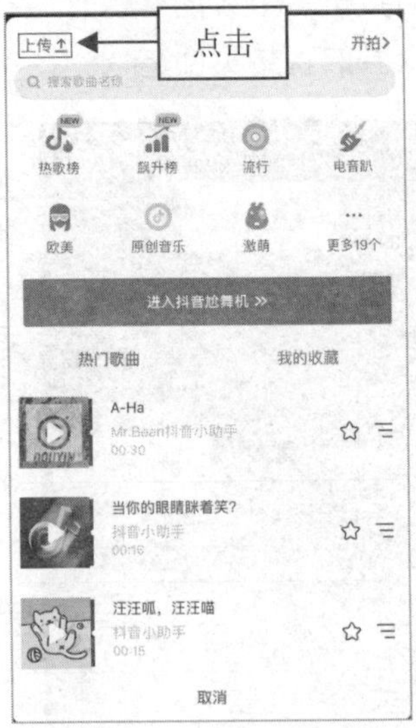

图 4-9 "选择音乐"页面

图 4-10 点击"生成照片电影(3)"按钮

图 4-11 点击"下一步"按钮

步骤 05 进入"发布"页面,在该页面中输入文字内容,然后点击右下方的 发布 按钮,如图 4-12 所示。

步骤 06 执行操作后,返回"我"页面。如果作品数量增加 1,并且下方出现了编辑的图片,就说明作品发布成功了,如图 4-13 所示。

图 4-12 "发布"页面　　　　图 4-13 "我"页面

专 家 提 醒

与个人资料不同,以图片形式发布作品时,图片中可以包含"微信""公众号"等字眼,也可以放置二维码。运营者可以利用这一点,在图片中融入相关信息,更好地对公众号进行宣传。

4.2.2 今日头条

今日头条平台是一款个性化推荐引擎软件,它能够为平台的用户提供有价值的各种信息。平台庞大的用户量,为微信公众平台运营者吸粉、引流提供了强有力的支撑。另外,今日头条平台本身还具有以下 3 个方面的特点。

1. 信息覆盖面广

今日头条平台上的内容涵盖面非常广,用户能够看见各种类型的内容,以及其他平台推送的信息。而且,今日头条平台上新闻内容的更新非常及时,用户几分钟就可以刷新一次页面,浏览新信息。

2. 个性内容推送

今日头条最大的特点是能够通过基于数据分析的推荐引擎技术,将用户的兴趣、特点、位置等多维度的数据挖掘出来,然后针对这些维度进行多元化的、个性化的内容推荐。

举例来说,当用户通过微博、QQ 等社交账号登录今日头条时,今日头条就会通过一定的算法,在短短的时间内解读出使用者的兴趣爱好、位置、特点等信息,用户每次在平台上进行操作,例如阅读、搜索等,今日头条都会定时更新用户相关信息和特点，从而实现精准的阅读内容推荐。

3. 易于分享互动

对于今日头条推送的大部分信息，用户都可以进行评论，用户之间也可以进行互动。

今日头条平台为用户提供了方便快捷的信息分享功能，用户在看见自己感兴趣的信息时，只要单击页面上的转发按钮即可将该信息分享、传播到其他平台上，例如新浪微博、微信等。图 4-14 所示为公众号"手机摄影构图大全"在今日头条上分享的一篇文章。

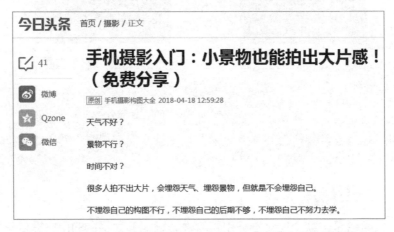

图 4-14　公众号"手机摄影构图大全"在今日头条上发布的一篇文章

4.2.3　QQ 平台

作为最早的网络社交平台，QQ 的资源优势和底蕴，以及庞大的用户群，都是公众号运营者必须巩固的前沿阵地。而且随着生活方式的转变，越来越多人开始用 QQ 等社交工具进行联系。因此，QQ 引流对公众号运营者来说可谓是意义重大。

其实对于 QQ 引流来说，非常关键的一点就是要让别人相信你。在这个虚拟的社交网络中，只有信任才会带来更好的推广效果。QQ 引流的方法有很多，下面就以 QQ 群引流为例进行重点解读。

现在 QQ 群出现了许多热门分类，公众号运营者可以通过查找同类群的方式，加入进去，进群之后，不要急着推广，先要拉近与群友的关系，之后可以在适当时期发布广告推广。以"手机摄影构图大全"公众号为例，运营者可以通过如下操作在 QQ 群中进行精准的引流。

步骤 01　登录 QQ，点击"消息"页面右上角的 ➕ 按钮，在弹出的菜单栏中选择"加好友/群"选项，如图 4-15 所示。

步骤 02 进入"添加"页面,点击页面中的"找群"按钮,然后在搜索栏中输入群关键词,如图4-16所示。

图4-15 选择"加好友/群"选项　　图4-16 "添加"页面

步骤 03 上述操作完成后,页面中将呈现搜索结果。图4-17所示为搜索"摄影"的结果。从搜索结果中选择一个群,然后点击进入,再点击下方的"申请加群"按钮,如图4-18所示。

图4-17 搜索"摄影"的结果　　图4-18 点击"申请加群"按钮

步骤 04 加入群之后,先想办法混个脸熟,然后伺机发布广告。运营者既可以直接对公众号进行介绍,也可以分享公众号的相关内容。图4-19所示为在QQ群中发布摄影图片的相关页面。在该图片的右下角对公众号二维码进行了展示，如图 4-20 所示。这样一来，QQ 群成员只需扫码便可以进入公众号，直接起到引流作用。

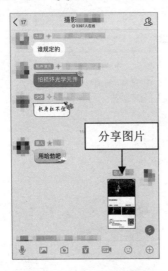

图 4-19　分享公众号摄影图片

图 4-20　展示公众号二维码

公众号运营者在 QQ 群中推广时，需要特别注意的是，广告应尽可能地进行软化，否则，管理员很可能会因为广告痕迹太重直接将你移出群。

4.2.4　微博平台

在新媒体火热发展的当下，微博不仅是一种流行的社交工具，对企业或商家来说，它也是一个重要的引流和营销平台。运营者可以在微博上借助话题找寻用户的同时把他们吸引到微信公众平台上。那么运营者如何在微博上找到目标用户并成功引流呢？下面介绍几种寻找微博精准用户和引流的方法。

1. 参与话题

运营者参与某个话题进行讨论，可以通过微博搜索直接找到参与某个话题讨论的人群，如果发现某些用户经常参与"#带着微博去旅行#""#欧洲旅游#""#旅游攻略#"这样的话题进行讨论，而公众号恰好又是经营旅游的，那么企业就可以通过这样的方法寻找用户，积极参与此类话题，并且会得到很多评论、赞和转发。

2. 加入微群

微群是一个人们因为某个共同的爱好或者共同的话题而聚到一起，进行交流和互动的地方。如果微群的主要话题和公众号的产品有比较紧密的结合点，那么微群里的用户也就成为公众号的目标用户，是完全有可能吸引到公众平台上来的。

3. 设定标签

微博用户往往会根据自己的爱好或者特点为微博贴上不同的标签，这些标签都是用户自身设定的，最能体现出个人的特点和喜好。

运营者可以通过分析微博用户标签，对他们的年龄、职业、身份、爱好等进行归类，如果公众号的目标客户正好和某一类人群重合，就可以吸引这些人群关注公众号了。

图 4-21 所示为"手机摄影构图大全"新浪微博的基本信息页面，可以看到，它不但设置了大量与摄影相关的标签，更是列出了微信公众号，这便很好地在微博中起到了引流作用。

图 4-21　"手机摄影构图大全"新浪微博的基本页面

4.2.5　百度平台

百度是由每天 2.5 亿次访问所构筑起来的商务交易平台，每天有超过 6000 万人次查询信息，是使用量最大的中文搜索引擎，也是网民最常使用的中文搜索引擎。而百度百家和百度论坛作为百度平台里最好的新媒体平台之一，运营者必须好好利用。

首先来介绍百家号。百家号是百度旗下的一个自媒体平台，于 2013 年 12 月份正式推出。运营者入驻百度百家平台后，可以在该平台发布文章，然后平台会根据文章阅读量的多少支付运营者费用，与此同时，百家号还以百度新闻的流量资源作为支撑，能够帮助运营者进行文章推广、扩大流量。

百家号上涵盖的新闻有五大模块，即科技、影视娱乐、财经、体育和文化。百度百家平台的排版清晰明了，用户在浏览新闻时非常方便。在每个新闻模块的左边是该模块的最新新闻，右边是该模块新闻的相关作家和文章排行。图 4-22 所示为百家号官网首页。

图 4-22　百家号官网首页

基于百度新闻的流量、浏览的便捷性和内容的多样性，众多用户还是愿意在这一平台上关注新闻内容的。因此，运营者也可以进驻这一平台来引流。

接下来介绍百度论坛平台。百度论坛是网民空闲时喜欢聚集的地方，许多运营者都会选择在百度论坛里做网络营销推广，利用发布"软文"的方式与网民互动、交友。百度论坛里设有广告发布专用贴，运营者只要输入需要发布的广告内容，即可直接提交。

那么公众号运营者具体应该怎么互动和引流呢？运营百度论坛不要做潜水人员，而应该经常在各论坛及帖子里冒泡。下面介绍几种在平台上积极参与互动的方法。

1. 答疑解惑

在论坛中，解答网友问题可增加经验值或积分。但是，在解答问题时应选择自己比较熟悉的问题，最好是能把自己在论坛上写的文章用上，以提升文章的关注度。

2. 积极回应

论坛上的热门帖应该主动积极地去评论，最好写出自己的感悟，不要太过敷衍。如"赞""太棒了""好帖"等客套式词语，只会让人认为你在混经验。

论坛推广是一个循序渐进的过程，如果一味单方面地不断推广自己的网站，不与网民互动，很容易让人感觉这是广告帖，而把握好尺度，持之以恒则会有很大的收获。

3. 踊跃顶帖

运营者应该踊跃地把首页火爆的帖子顶上去，增加存在感和网民对你的印象，此外，还可以针对自己的产品用户群选择一些比较火的文章进行顶帖，最好能抢到帖子的沙发或板凳。

注意顶帖时不要回复"好帖""路过"和"打酱油"等一系列苍白的评论。这种情况太过于恶劣，管理员发现了以后，会直接删除帖子，如果你顶帖很多，并且处于持续被管理员删除的状态，很容易最终造成网站降权。

4.2.6 阿里系平台

阿里系是指包括淘宝、天猫、支付宝和蚂蚁金服等在内的阿里巴巴旗下的商务服务体系。作为全球领先的 B2B 电子商务网上的贸易平台，阿里巴巴旗下的天猫、淘宝改变了很多人的购物习惯，但是很多人都没有利用这个平台来宣传自己。

不过在阿里的平台上做公众号的引流还是要尽量隐蔽，毕竟阿里和腾讯是竞争对手，在阿里平台上推广微店会很容易被封。比如，运营者可以在天猫、淘宝上开一个店铺，然后，通过在商品详情中展示公众号信息，将淘宝用户转化为公众号粉丝，如图 4-23 所示。

图 4-23 在商品详情中展示公众号信息

除了开店铺之外，运营者还可以用淘宝评价功能进行引流。但是，一定要选择与自己公众号同类的商品，或者与自己公众号的受众群体一致的商品，只有这样，才能通过用户的精准定位，获得应有的宣传效果。

4.2.7 知乎平台

知乎平台是一个社会化问答类型的平台,目前月访问量上亿。知乎平台的口号是:"与世界分享你的知识、经验和见解。"知乎拥有 PC、手机两种客户端。

在知乎这样的问答平台上,运营者可以以提问题和回答问题的方式,利用平台进行推广和引流。而且问答推广都有特定的推广技巧和方法,可分为发布文章型、自问自答型和回答问题型。

1. 发布文章型

虽然知乎是一个问答型平台,但并不表示发布的内容就一定要是回答他人的提问。公众号运营者也可以通过在知乎上发布文章,详细解读某一方面的内容,为特定用户答疑解惑。

图 4-24 所示为公众号"手机摄影构图大全"在简书上发布的一篇文章,其通过对摄影知识的解读,也成功地在简书上吸引了不少粉丝。

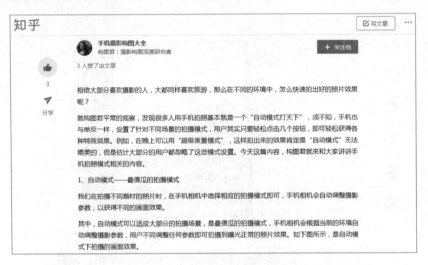

图 4-24　公众号"手机摄影构图大全"在简书上发布的文章

2. 自问自答型

在问答推广和引流中,自问自答型的效率最高。运营者可以根据公众号所在行业、产品信息和网民的搜索习惯,选取有搜索量的目标关键词,然后去问答平台提问。

3. 回答问题型

回答问题型比自问自答型难度大,因为需要选择适合推广公众号产品的问题进行回答，而回答的内容又不能有太过于突出推广产品的意味。下面介绍几种回答问题型的推广方法。

（1）答案要有质量。回答问题时，一定要有质量，不能胡乱回答。如果提供的答案靠谱或具有影响力，极有可能会被设置为最佳答案，可以提升账号的信誉度和账号等级。

（2）控制好回答的量。同一个账号，每天回答的问题最好不要超过 10 个，太多容易被封号。

（3）慎留链接。账号级别低时，回答的内容里一定不要放置链接，以防账号被封或链接被屏蔽。账号级别高时，可将链接放置在"参考资料"一栏，且不要多放。

4.2.8 简书平台

简书平台是一款集写作与阅读于一体的社交型互联网产品，同时它也是一个基于内容分享的社区。简书同样拥有两种客户端：PC 客户端和手机客户端。图 4-25 所示为简书平台 PC 端首页。

图 4-25 简书平台 PC 端首页

简书平台拥有 4 项功能，这些功能能够满足简书用户大部分的需求，同时也能够为用户提供更好的使用体验，如图 4-26 所示。

其实，这 4 项功能都是公众号运营者吸粉不可缺少的，另外，在简书平台上还要注意打赏功能，一方面，公众号运营者可以通过优质内容接受打赏而把用户吸引到公众号上；另一方面，还可以通过打赏别人，引起对方关注从而达到吸粉的目的。

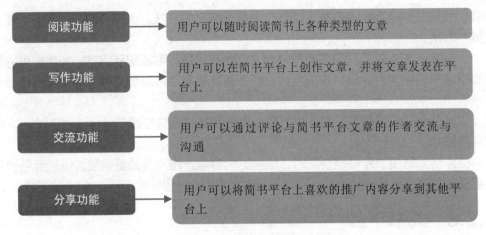

图4-26 简书平台的功能介绍

4.3 5种其他引流方法，效果同样不容小觑

说到公众号引流，大多数人想到的可能是上面5种热门引流策略和8大引流增粉平台，其实除了这些，还有一些引流方法同样能让公众号引流取得不错的效果，本节就选取其中的5种方法进行重点解读。

4.3.1 社群建设

在互联网迅速发展的推动下，我国已走进了社群经济时代，每个社群里的成员或是有共同的爱好，或是有共同的目标。总之，每个社群里的成员都是由某个点来维系的。而运营者在吸粉引流过程中要做的是撬动这个点，让用户关注公众号。一般说来，可以从两个方面着手，具体内容如下。

1. 运营好社群

如今不少的微信群，已经成为消费者搜索产品、品牌，与有共同兴趣爱好的人群进行互动交流的重要场所。微信群组可以实现一对多的沟通，为企业提供接近消费者的互联网平台。

初始微信群的上限是40人，后扩展到100人，微信沃卡用户可以将4个微信群的成员人数上限提高到150人。下面就来了解一下社群营销在微信群里的运营方式，如图4-27所示。

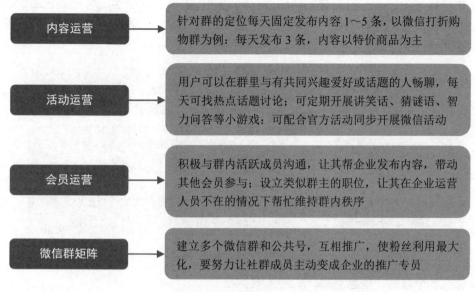

图 4-27 运营好社群的方法

2. 社群引流

有些运营者可能会犯这样的错误，与社群里的成员稍微熟悉之后就疯狂推广，其实这是不明智的。因为每个社群成员都有自己的喜好、思想，这样的做法只会给他们留下不好的印象。那么运营者应该怎样利用社群引流呢？

(1) 培养一定数量的铁杆粉丝。

运营者可以通过制订详细的粉丝计划来大力培养自己的铁杆粉丝，树立相同的观念，最终成功打造成拥有铁杆粉丝的社群运营平台。运营者在"培养铁杆粉丝"的过程中，可以从以下 3 方面出发：

- 聆听用户的心声、与用户互动、耐心与用户对话。只有这样粉丝才能有被尊重的感觉，提升用户体验。
- 从粉丝需求出发，通过奖励来提升粉丝的活跃度。分析粉丝的需求、制订奖励计划，送上用户需求的礼品，这样能大大提升粉丝的体验，进一步巩固粉丝的留存率。
- 与粉丝进行线下活动。企业可以在社群运营过程中发布一些活动，为粉丝提供参与的机会、有趣好玩的经历以及优质的用户体验，使粉丝产生更强烈的认同感，从而维持亲密关系。

(2) 打造口碑，让用户乐于推广。

在社群运营中，想要顺利实现用户的"增长"，就需要使用一些小窍门，比如赠送优惠的礼品，用户之间的口碑推荐等来打响企业品牌，为品牌树立良好形象。

社群运营中口碑的打造是需要粉丝来努力的，主要是在粉丝认可产品、品牌的基础上，心甘情愿地推荐给自己身边的人，从而形成口碑。一般来说，形成口碑的途径主要如图 4-28 所示。

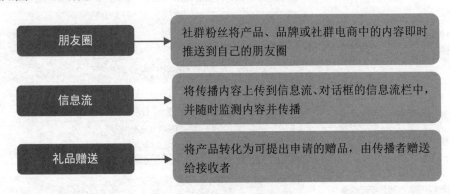

图 4-28　形成口碑的途径

(3) 5 个方面，塑造品牌，扩展人气。

公众号运营者在进行社群营销时，需要注意 5 个方面的问题：一是有自己的独特观点；二是把产品信息介绍详尽；三是要学会互动；四是要学会分享干货；五是要传递正能量，树立好口碑。

例如，致力于打造美食的公众号运营者可以通过微信朋友圈发布一些关于美食制作的技巧，或者配上带有文艺气息的文案，就能有效吸引用户的注意力，从而增加用户黏性，打响企业品牌。

4.3.2　借力 APP

APP 就是移动应用程序的简称(也称手机客户端)，APP 引流就是通过定制手机软件、SNS 及社区等平台上运行的应用程序，将 APP 的受众引入微信公众号中的引流方式。这里将介绍社交 APP 引流的方式和技巧。

在借力 APP 实现用户转化之前，我们需要尽可能地选择具有一定流量的 APP。表 4-1 所示为 2017 年排名前 5 的社交类 APP，这些 APP 都具有不错的流量。

表 4-1　2017 年排名榜前五名的社交类 APP

排　名	APP Logo	APP 名称
1		微信
2		QQ
3		微博
4		QQ 空间
5		陌陌

微信公众平台运营者可以通过社交软件，结交有共同爱好的人，并通过与人交流、互动等方式寻找精准的目标受众，从而达到引流的目的。下面以陌陌为例，介绍社交类APP的引流方法。

陌陌是不需要添加好友的，只要互相关注就可以发消息，而且陌陌的消息会显示已读、发送，可以知道关注的人是否查看过消息。陌陌还可以显示关注对象上次登录的时间，可以由此来判断关注对象用陌陌的频率，如果使用频率不高就可以放弃关注了。

在陌陌中，星级是非常重要的，星级低的话会存在很多限制，而和别人经常聊天，可以快速提升星级。在这种情况下，你需要加入各类群组，并且迅速活跃起来，提高自己的星级。那么怎么通过加入群组达到引流的目的呢？下面来介绍具体的操作方法：

步骤01 打开陌陌APP，进入陌陌"消息"页面，点击图标，如图4-29所示。

图4-29 进入陌陌"消息"页面

步骤02 进入"好友"页面，如图4-30所示，点击"群组"按钮，进入"群组"页面，如图4-31所示。

步骤03 点击"组群"页面的搜索栏，进入如图4-32所示的关键词选择页面，并选择对应的关键词。以"手机摄影构图大全"为例，可以点击"摄影"按钮，进行组群的筛选。

步骤04 进入"摄影分类下的群"页面，选择一个群组，点击"加入"按钮，如图4-33所示。

图 4-30 "好友"页面

图 4-31 "群组"页面

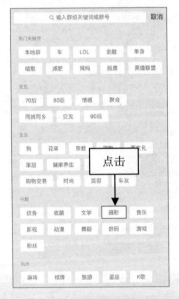

图 4-32 关键词选择页面

图 4-33 点击"加入"按钮

步骤 05 在"申请验证"页面的文本框中输入加群理由,然后点击"提交申请"按钮,如图 4-34 所示,等待群主同意即可。

图 4-34 "申请验证"页面

在组群里,活跃积极的人容易被记住,要想在群组里推广微信公众平台,一定不要直接推广,而应该侧面挑起话题。比如你说一句"最近拍的照片总是没什么感觉",有同样感受的人就会出来聊,聊开了,再自然引申出平台——"我最近关注了一个微信公众号,感觉很不错,你要不要关注看看"。

4.3.3 论坛引流

互联网时代,企业可以通过在论坛发帖,发布企业的产品和服务等相关的信息,从而达到营销推广企业品牌的目的。对公众号运营者来说,论坛引流有助于企业积累人气,从而提升知名度形成口碑效应。而对用户来说,论坛的开放性、低门槛,使得大多数网友都能参与其中,用户的很多诉求都会在这里得到表达。

论坛是一个有共同兴趣和话题的社群,所以,运营者在论坛中推广产品和服务,主要还是对用户进行社群运营。论坛的人气是营销的基础,公众号运营者可以通过图片、文字等内容帖子,与论坛用户交流互动,这也是辅助搜索引擎营销的重要手段。

在论坛中塑造公众号的影响力,能在很大程度上带动用户参与,从而进一步引导潜在用户关注公众号。论坛引流最主要的是发帖推广,公众号运营者可以通过内容恰当的帖子来引导话题,带动潜在用户积极参与和进一步引流。

图 4-35 所示为某品牌在天涯论坛中推广公众号的帖子内容。虽然该帖明显是推广公众号,但是,因为有"加微抢赢 999 千足金"作为噱头,还是吸引了许多人关注,以至于该帖还获得了 50000 个回复,而这无疑是给公众号进行了一次很好的宣传。

9周年庆，寻找一起走过美丽的你，也期待携手向往美丽的新朋友。
活动时间：

参与方式：
回帖内容：@2个天涯好友+“9”天长 加微抢赢999千足金
（添加方式：
A\点击微信右上角“【+】”中的“【添加朋友】”，输入”",即可成功
关注官方微信。
B\点击微信右上角“【+】”中的“【扫一扫】”，扫描官方微信二维码，即可成功关注官方微信。
C\点击微信下方【通讯录】右上角【添加】按钮，查找公众号“娇兰佳人GIALEN”，即可成功关注官方微信。）

奖品规则与设置：
地“9“天长奖 价值3000元的千足金HELLOKITTY吊坠 3份
获奖楼层为：第99页第99楼，299页第99楼，499页第99楼

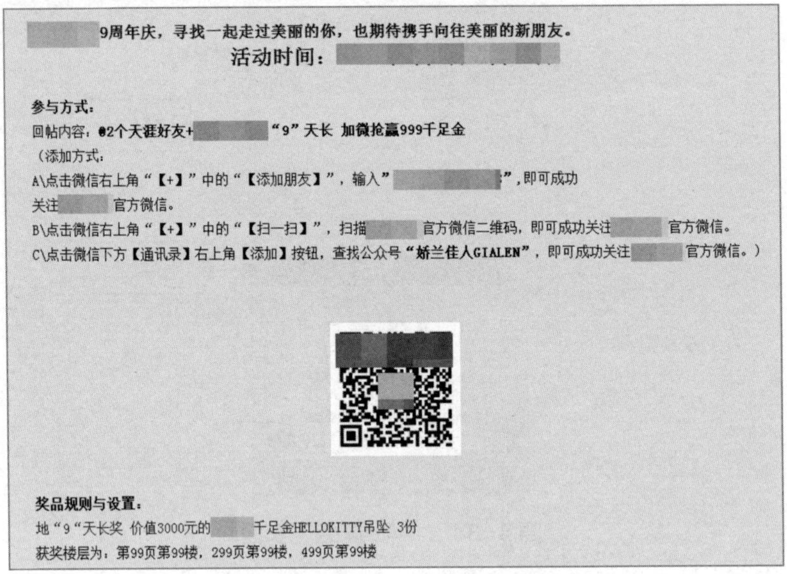

图 4-35　某品牌发帖推广公众号的帖子

4.3.4　视频引流

视频相比文字图片而言，在表达上更为直观、丰满，而随着移动互联网技术的发展，爱奇艺、优酷、腾讯视频、搜狐视频等视频网站获得了飞速发展。

视频推广，是指企业以视频的形式，宣传推广各种产品和活动等，因此，不仅要求高水平的视频制作，还要有吸引人关注的亮点。常见的视频推广，包括电视广告、网络视频、宣传预告片和微电影等形式。

随着各种视频平台的兴起与发展，视频营销也随之兴起，并成为广大企业进行网络社交营销最常采用的一种方法。小程序运营者可以借助视频营销，近距离接触自己的目标群体，将这些目标群体开发为自己的客户。

视频背后庞大的观看群体，对网络营销而言就是潜在用户群，而如何将这些潜在用户转化为目标用户，才是视频营销的关键。对于公众号运营者来说，最简单、有效的视频社交营销方式便是在视频网站上传与公众号相关的短视频。

图 4-36 所示为某公众号在优酷视频平台进行活动推广的内容。因为该活动对于关注公众号的粉丝有一定的奖励，所以，很快便获得了大量关注。

如今的视频营销主要往互联网方向发展，与传统电视广告相比，互联网视频营销的受众更加具有参与性，在感染力、表现形式、内容创新等方面更具优势。互联网视频的传播，需要通过用户自发的观看分享和传播，带来“自来水式”的传播效果。

图4-36 某公众号的活动推广内容

4.3.5 音频引流

跑步、开车甚至工作等多种场景,都能收听音频节目,音频相比视频来说,更能满足人们的碎片化需求。对于自媒体电商运营者来说,利用音频平台来宣传小程序电商平台,是一条很好的网络营销思路。

音频营销是一种新兴的营销方式,它主要以音频作为内容的传播载体,通过音频节目运营品牌、推广产品。随着移动互联的发展,以音频节目为主的网络电台迎来了新机遇,与之对应的音频营销也得以发展。音频营销具有以下优势,具体如图4-37所示。

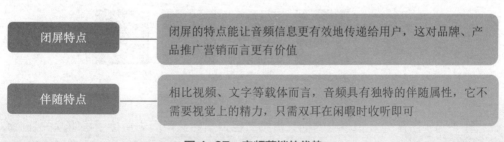

图4-37 音频营销的优势

下面就以"蜻蜓 FM"为例进行说明。"蜻蜓 FM"是一款强大的广播收听应用,用户可以通过它收听国内、海外等地区数千个广播电台。而且"蜻蜓 FM"相比其他音频平台,具有如图4-38所示的功能特点。

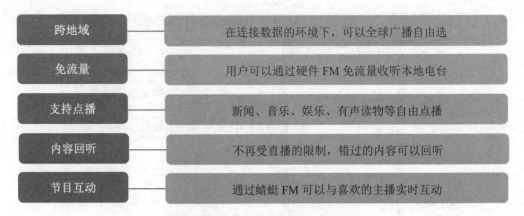

图 4-38 "蜻蜓 FM"的功能特点

"蜻蜓 FM"的内容十分丰富,包括精品、小说、脱口秀、相声小品、头条、情感、儿童、出版精品、历史、评书、音乐、财经、教育、搞笑、娱乐和影视等多种类别,具体如图 4-39 所示。

图 4-39 "蜻蜓 FM"内容分类页面

图 4-40 所示为罗辑思维的相关音频节目,虽然该页面未直接引导听众关注公众号,但是,绝大部分听众都知道罗辑思维有一个公众号,只要听众对罗辑思维感兴趣,就会主动关注其公众号,这便实现了粉丝从音频平台向公众号的转化。

运营者应该充分利用用户碎片化的需求,通过音频平台来发布产品信息广告,音频广告的营销效果比大多数其他形式的广告要好,向听众群体的广告投放也更为精准。而且音频广告的运营成本也比较低廉，十分适合本地中小企业长期推广。

图4-40 "蜻蜓FM"中"罗辑思维"的搜索结果

例如，做餐饮的公众号运营者，可以与"美食"类音频自媒体节目组合作。因为这些节目通常有大批关注美食的用户收听，所以广告的精准度和效果都会非常好。

小程序运营篇

第 5 章

注册审核：快速拥有自己的小程序

> **学前提示**
>
> 微信小程序作为应用的一种，只有在发布后才能被用户看到。所以，发布的时间就直接决定了小程序的上线运营时间。
>
> 微信小程序的发布是有方法的，如果运营者能够掌握一定的技巧，便可以快速完成小程序的上线，及早抢占市场。

要点展示

➢ 6个步骤，快速领取你的小程序
➢ 6种操作，助你更快发布小程序

5.1 6个步骤,快速领取你的小程序

与微信公众号相同,微信小程序的注册也是在微信公众号的后台完成的。微信小程序的注册过程非常简单,运营者只需要几步,便可快速拥有属于自己的微信小程序账号。

5.1.1 找到小程序的注册入口

要想开发微信小程序,用小程序进行营销,就要先注册微信小程序。当然,在注册小程序之前,运营者首先得找到注册的入口。

总的来说,微信小程序的注册入口主要有两种,下面分别进行具体的说明。

1. 微信公众平台官网首页

对于没有注册公众号的运营者,可以直接在微信公众平台官网首页进行小程序的注册,具体操作如下。

步骤01 在搜索引擎中输入"微信公众平台",进入微信公众平台官网的首页,单击该页面右上角的"立即注册"按钮,如图5-1所示。

图5-1 微信公众平台官网首页

步骤02 执行上述操作后,进入"注册"页面,单击该页面中的 小程序 按钮,如图5-2所示。

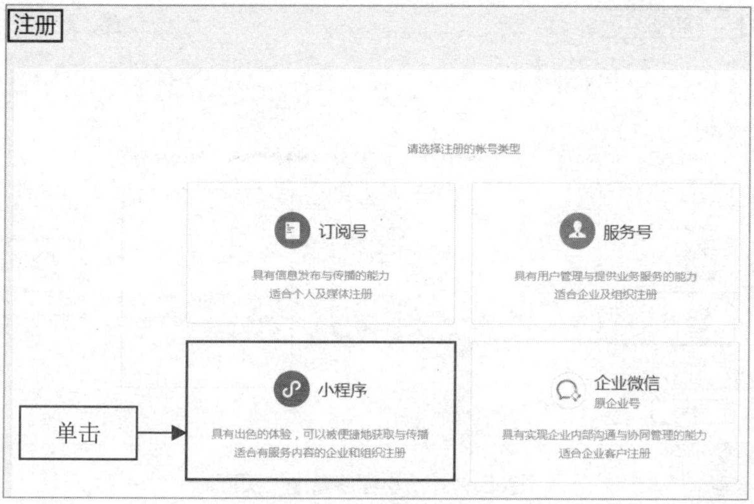

图 5-2 "注册"页面

步骤 03 完成上述操作后，进入"小程序注册"页面，如图 5-3 所示，运营者只需填写相关信息，并进行认证便可以完成小程序的注册。

图 5-3 "小程序注册"页面

2. 微信公众平台后台

除了在微信公众平台官网首页注册之外，运营者还可以在微信公众平台的后台进行注册，具体步骤如下。

步骤 01 进入微信公众平台的后台，单击左侧的"小程序管理"按钮，进入"小程序管理"页面，单击该页面中的"快速注册并认证小程序"按钮，如图 5-4 所示。

图 5-4 "小程序管理"页面

步骤 02 页面中弹出"快速创建小程序说明"对话框,运营者只需勾选下方的"我已明白快速创建小程序的流程,现在开始进行创建"复选框,然后单击"快速创建"按钮,即可进行小程序的注册,如图 5-5 所示。

图 5-5 "快速创建小程序说明"对话框

运营者需要结合自身实际情况选择注册入口。有公众号的运营者,选择在微信公众平台后台注册小程序,可以省去一些填写资料的步骤,相对来说操作更方便。而没有公众号的运营者,则只能在微信公众平台官网首页注册小程序。

5.1.2 了解小程序的注册步骤

虽然微信小程序的注册流程非常简单,但是,运营者要想更快地获取小程序,进入微信小程序电商平台的运营，还必须先熟悉注册的流程。微信小程序的注册流程与注册入口的选择有一定的关系，不同注册入口的注册流程也不尽相同。

上一小节提到微信小程序有两个注册入口，本节将选择微信公众平台后台入口，对微信小程序的注册步骤进行具体说明。

步骤01 进入微信公众平台的后台，在"快速创建小程序说明"对话框中单击"快速创建"按钮，具体如图 5-5 所示。

步骤02 执行上述操作后，进入"快速创建小程序"页面，用公众号管理员微信进行扫码验证，具体如图 5-6 所示。

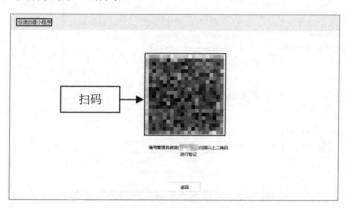

图 5-6 扫码

步骤03 扫码完成后，进入"选择复用资质"页面，运营者需要仔细检查相关内容，勾选复用内容，单击页面下方的"下一步"按钮，具体如图 5-7 所示。

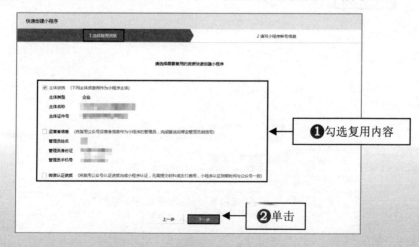

图 5-7 "选择复用资质"页面

步骤 04 执行上述操作后,进入"填写小程序账号信息"页面。运营者要在该页面填写邮箱、密码和验证码,然后勾选"你已阅读并同意《微信公众平台服务协议》及《微信小程序平台服务条款》"复选框,最后单击"提交"按钮,具体如图 5-8 所示。

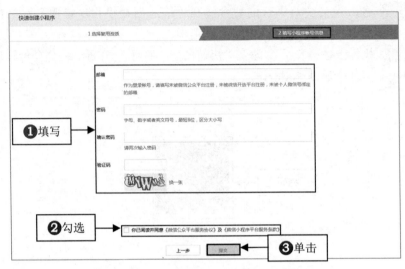

图 5-8 "填写小程序账号信息"页面

步骤 05 完成上述操作后,进入"激活公众平台账号"页面,单击该页面中的"前往邮箱"按钮,具体如图 5-9 所示。

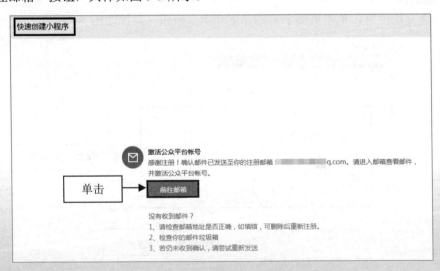

图 5-9 "激活公众平台账号"页面

步骤 06 登录邮箱之后,找到如图 5-10 所示的"请激活你的微信小程序"邮件,然后单击邮件中的绿色链接。

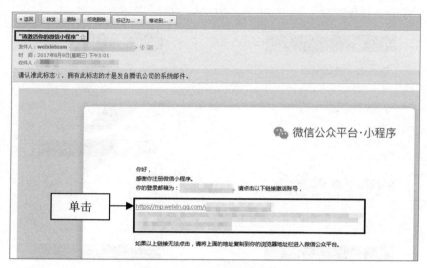

图 5-10 单击链接激活

步骤 07 单击邮箱中的链接之后,进入"绑定小程序管理员"页面,运营者需要在该页面填写管理员姓名、管理员身份证、管理员手机、短信验证码,并通过扫码验证身份,具体如图 5-11 所示。

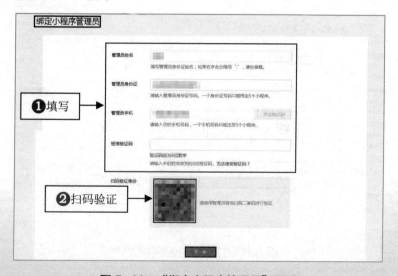

图 5-11 "绑定小程序管理员"页面

步骤 08 扫码后,手机进入如图 5-12 所示的"微信小程序注册身份确认"页面，运营者需要仔细阅读相关信息，确认信息无误后点击"确定"按钮。

步骤09 随后，页面发生跳转，显示"你的身份已验证"信息，点击页面中的"确定"按钮，具体如图 5-13 所示。

图 5-12　"微信小程序注册身份确认"页面　　图 5-13　显示"你的身份已验证"信息

步骤10 此时，运营者再单击图 5-11 中的"下一步"按钮即可完成小程序的注册。与此同时，进入"小程序管理"页面，将显示微信公众号与小程序"已关联"，如图 5-14 所示。

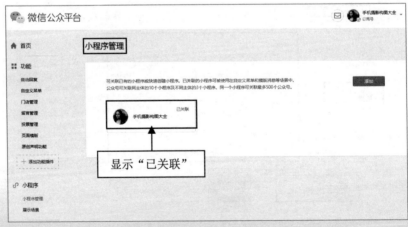

图 5-14　完成与小程序的关联

5.1.3　给小程序起一个响亮名称

由图 5-15 可以看出，小程序注册完成之后是未命名的，所以运营者还需对小程序的名称等信息进行完善。

具体来说，填写小程序名称的步骤如下。

步骤 01　从微信公众平台登录小程序，单击左侧的"设置"按钮，进入"基本设置"页面，单击页面中的"前往填写"按钮，具体如图 5-15 所示。

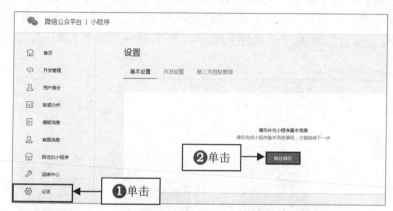

图 5-15　"基本设置"页面

步骤 02　执行上述操作后，页面转至"填写小程序信息"页面，在该页面找到"小程序名称"文本框并根据需求填写名称，名称填写完成后，单击右侧的"检测"按钮，如果显示"你的名字可以使用"字样，就说明该名称可以作为小程序的名称，如图 5-16 所示。

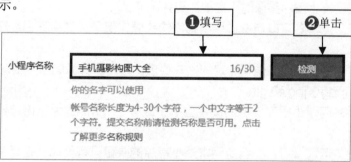

图 5-16　检测小程序名称

在填写小程序名称时，主要有以下 3 点需要特别注意。

（1）小程序的名称中可以出现汉字、英语、数字以及 + 号，但是长度需在 4 至 30 个字符之间。需要注意的是，一个汉字为 2 个字符。

（2）小程序的名称必须是一个新的、未在公众平台注册过的名称。

（3）小程序发布之前可以改名两次，但是如果完成发布，则不再支持修改名称了。因此，运营者在填写小程序名称时需要特别慎重。

5.1.4 为小程序设置专属头像

头像是小程序的门面,用户看一个小程序,首先看到的除了名字,就是头像。所以,它的设置对小程序的推广运营至关重要。

小程序头像的设置和小程序名称的填写相同,都是在"填写小程序信息"页面。运营者只需在该页面找到"小程序头像",并选择合适的图片即可,如图 5-17 所示。

图 5-17　小程序头像的设置

运营者在设置小程序头像时,需要注意如下 4 点。

(1) 内容。运营者可以自主选择小程序的头像,但是头像中不得涉及政治敏感因素和色情内容。

(2) 格式。小程序的头像有一定的格式要求,可用作头像的图片格式有 5 种,即 png、bmp、jpeg、jpg 和 gif。

(3) 大小。用作小程序头像的图片应小于或等于 2MB,大于该数值的图片无法设置为头像。

(4) 修改。运营者可根据自身需求对小程序的头像进行修改,但是每个月只能修改 5 次。

5.1.5 做好小程序的自我介绍

如果将小程序比作一件商品,那么,小程序的介绍信息就相当于为该商品打的广告。一个好的介绍信息往往更能吸引用户使用小程序。图 5-18 所示为"手机摄影构图大全"微信小程序中"小程序介绍"一栏相关内容的截图。

运营者在填写微信小程序的介绍信息时需要注意如下 3 点。

(1) 内容。运营者可以自主填写小程序的介绍信息,前提是不能包含国家相关法

律法规禁止的内容

(2) 字数。小程序的介绍信息字数需介于 4 至 120 个字之间。

(3) 修改。和小程序头像相同,小程序介绍信息每个月可以修改 5 次。

图 5-18　"小程序介绍"相关内容的截图

5.1.6　进行小程序的服务定位

除了名称、头像和介绍之外,运营者还需要选择小程序的服务范围。微信小程序为运营者提供了包括"快递与邮政""教育""医疗""政务民生""金融业"在内的 21 个服务类目,具体如图 5-19 所示。

图 5-19　服务范围选择(1)

每个类目又进行了细分,运营者只需根据需求选择服务范围即可,具体如图 5-20 所示。另外,需要特别注意的是,每个小程序可以添加的服务范围个数小于等于 5 个。

小程序的服务类目在关于小程序页面都会呈现,而且"附近的小程序"也是根据运营者选择的服务类目归类的。所以,为了避免出现"挂羊头卖狗肉"的情况,运营者一定要根据小程序的内容定位,正确选择服务类目。

图 5-20 服务范围选择(2)

5.2 6 种操作，助你更快发布小程序

一款小程序要想上线为用户提供服务，就必须先发布，而小程序的发布又必须经过审核。这样看来，小程序的发布似乎很麻烦。其实，凡事都是有方法可循的，运营者只要掌握了技巧，发布小程序将变得非常简单。

5.2.1 打包前做好检查

小程序要想上线就必须在微信公众平台发布，而在发布之前还有一道坎是必须迈过去的，那就是审核。所以，在审核之前，运营者需要了解审核的内容，并判断待审核项目的内容是否符合要求。微信小程序审核内容主要可分为以下 3 类。

1. 基本内容

在微信小程序的审核过程中，小程序的 Logo、名称和介绍信息是重点审核的内容。具体来说，审核标准主要是小程序 Logo 应选用清晰的图片、名称应与服务内容一致、介绍信息需表示明确。

2. 功能展示

因为微信小程序的理念是随时可用、用完即走，所以，对小程序的功能有比较严格的要求。运营者需将小程序的功能服务展示出来，让用户可以快速找到并直接使用。除此之外，小程序不能包含推荐其他小程序、小程序排行等功能。

3. 内容呈现

微信对小程序提供的内容有一定的要求，游戏、赌博、与微信功能相似的内容受到限制。另外，禁止在小程序中诱导关注和分享，更不能使用虚假信息，否则，小程序很可能会因为违规而被迫下线。

在了解了微信小程序的重点审核内容之后，运营者接下来需要做的就是检查需要审核的项目(即小程序相关内容)。如果运营者是用第三方平台编辑小程序页面，那么，就可以使用预览功能检查小程序的内容。

以"即速应用"平台为例，运营者登录该平台，并进入"管理"页面，便可以看到曾经编辑过的小程序，单击某个小程序下方的"编辑""管理""预览"等按钮，便可进行相关操作，如图 5-21 所示。

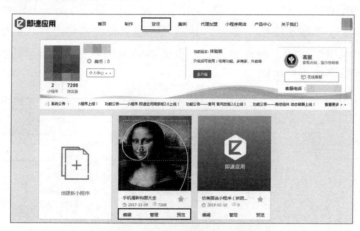

图 5-21 "应用管理"页面

如果运营者单击"预览"按钮，则页面将转至如图 5-22 所示的预览页面。在该页面中，运营者可单击左侧的菜单栏查看各页面的内容。除此之外，还可以用微信扫描右侧的二维码，在手机上预览效果。

图 5-22 预览页面

5.2.2 一键打包开发包

项目检查完成之后,运营者需要通过开发者工具将 release 版本的代码上传到小程序公众平台的后台。(release 版本是指已经进行过优化、可直接用于发布的版本)

如果运营者是在第三方平台编辑的小程序,那么上传小程序代码时还需要经过生成、打包等步骤。下面我们以在"即速应用"平台编辑小程序为例,对打包小程序代码进行具体的解读。

步骤01 登录"即速应用"平台,并在"管理"页面需要上传代码的小程序的对应位置单击"编辑"按钮。操作完成后,页面将转至如图 5-23 所示的编辑页面,单击页面右上方的"生成"按钮。

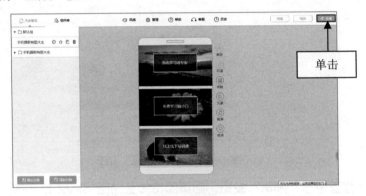

图 5-23 编辑页面

步骤02 执行上述操作后,进入"基本设置"页面,在该页面检查小程序名称、介绍信息、小程序 Logo,然后单击下方的"发布"按钮,如图 5-24 所示。

图 5-24 "基本设置"页面

步骤 03 执行上述操作后，进入"什么是小程序打包"页面，单击下方的"我知道了"按钮，如图 5-25 所示。

图 5-25 弹出关于小程序打包的对话框

步骤 04 进入如图 5-26 所示的打包方式选择页面。在该页面中，为运营者提供了"微信小程序"和"支付宝小程序"两种选择，对于大多数运营者来说，直接选择"微信小程序"即可。另外，运营者还可通过扫描左侧的二维码再次检查小程序的内容。

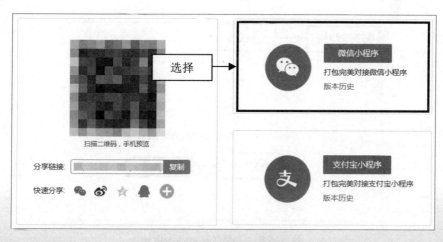

图 5-26 选择打包方式

步骤 05 如果运营者选择的是"微信小程序"，则可进入如图 5-27 所示的"打包小程序"页面。运营者需要在该页面填写小程序 ID、小程序密钥，选择分类，并对服务器进行配置。

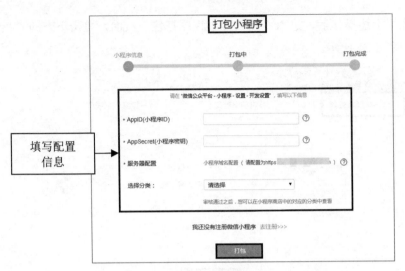

图 5-27 "打包小程序"页面

在"打包小程序"页面需要填写的信息中,小程序 ID、小程序密钥可以从小程序公众平台直接获取,分类只需根据小程序实际情况进行选择即可,而服务器配置则需要在小程序公众平台中进行设置。

步骤 06 单击图 5-27 中的"打包"按钮,进入小程序公众平台的"开发设置"页面。找到"服务器域名"板块,然后单击下方的"开始配置"按钮,如图 5-28 所示。

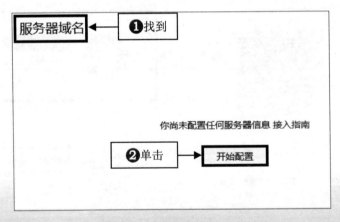

图 5-28 "服务器域名"板块

步骤 07 执行上述操作后,进入如图 5-29 所示的"配置服务器信息"页面。将"打包小程序"页面中"小程序域名设置"右侧的域名复制,并粘贴在"配置服务器信息"页面的各合法域名中,然后单击下方的"保存并提交"按钮。

图 5-29 "配置服务器信息"页面

步骤 08 操作完成后,进入"服务器域名"页面,而此时显示各合法域名已经设置完毕,具体如图 5-30 所示。

图 5-30 "服务器域名"页面

步骤 09 回到图 5-27 所示的"打包小程序"页面,单击下方的"打包"按钮。操作完成后,进入如图 5-31 所示的"打包成功"页面,单击该页面下方的"点击下载"按钮,将小程序打包至电脑中。

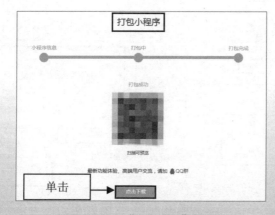

图 5-31 "打包成功"页面

5.2.3 将审核内容上传

在上传审核项目之前,首先需要下载微信小程序开发工具。运营者可以进入小程序公众平台"开发"板块的"工具"页面,该页面为开发小程序提供了多个开发工具的版本,运营者只需根据电脑系统进行选择即可,如图5-32所示。

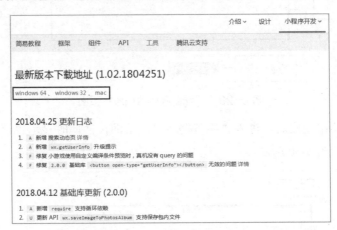

图5-32 "开发"板块的"工具"页面

下载并安装开发工具之后,便可以上传审核内容了,相关操作如下。

步骤01 打开开发工具,进入"调试类型"页面,选择"本地小程序项目"选项,如图5-33所示。

步骤02 进入"添加项目"页面,填写小程序ID、项目名称,并选择项目目录,其中小程序ID在小程序公众平台可以找到,项目名称填写小程序名称即可,而项目目录则需要选择从第三方平台打包的小程序的解压文件夹,然后单击"添加项目"按钮,如图5-34所示。

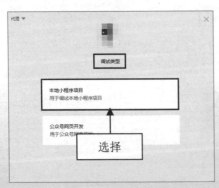

图5-33 "调试类型"页面

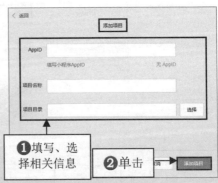

图5-34 "添加项目"页面

步骤 03 登录开发工具，单击左侧的"项目"按钮，进入如图 5-35 所示的"项目"页面，在该页面中检查小程序的相关信息，确认无误之后，单击"上传"按钮。

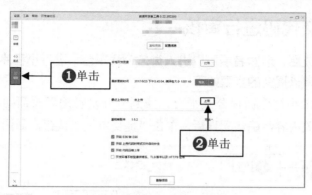

图 5-35 "项目"页面

步骤 04 出现"提示"页面，单击下方的"确定"按钮，如图 5-36 所示。

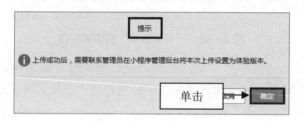

图 5-36 "提示"页面

步骤 05 进入"上传确认"页面，输入版本号、项目备注，然后单击下方的"上传"按钮，如图 5-37 所示。

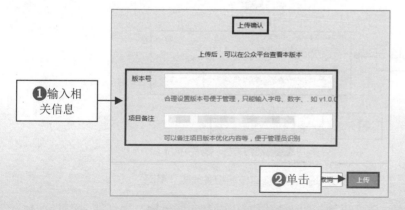

图 5-37 "上传确认"页面

步骤 06 执行该操作后，当前小程序代码将被上传至小程序公众平台，而上传小程序代码的相关步骤到此便完成了。

5.2.4 提交代码进行审核

代码上传完成后，运营者便可以进入微信公众平台，进行小程序代码的提交了。具体来说，代码审核提交的步骤如下。

步骤 01 登录小程序微信公众平台，找到"开发管理"页面的"开发版本"板块，认真查看相关内容，确认无误后，单击"提交审核"按钮，如图5-38所示。

图5-38 "开发版本"的相关内容

步骤 02 执行上述操作后，进入如图 5-39 所示的"提交审核的相关须知"页面，仔细阅读相关信息，如果确认要提交审核则勾选"已阅读并了解平台审核规则"复选框，然后单击"下一步"按钮。

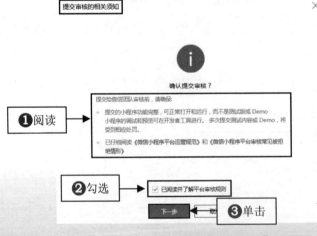

图5-39 "提交审核的相关须知"页面

步骤 03 进入"提交审核"页面，填写功能页面、标题、所在服务类目、标签等信息，其中功能页面、标题和服务类目可以根据小程序的实际情况和自身需求填写，而标签则需要结合小程序的服务内容，选择一些具有代表性且有利于搜索的词汇；填写相关信息后，单击下方的"提交审核"按钮，如图5-40所示。

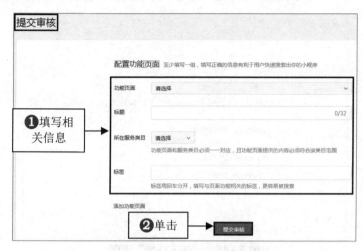

图5-40 "提交审核"页面

单击图5-38中"提交审核"按钮右侧的 按钮，将弹出"选为体验版本"和"删除"选项。如果运营者不需要立即审核，可将该版本选为体验版本。如果对当前版本不满意，可单击"删除"按钮将其删除。

5.2.5 等待代码审核结果

填写完"配置功能页面"的信息，并单击下方的"提交审核"按钮之后，微信将对运营者提交的代码进行审核，在此过程中，运营者需要做的就是等待代码的审核结果。

当然，在等待结果的过程中，运营者也可以进入小程序公众平台的"开发管理"页面查看"审核版本"的相关内容。如果显示为"审核中"，则表示审核已经提交，如图5-41所示。

图5-41 "审核版本"的相关内容

运营者可以单击"审核版本"中的"详情"按钮，进入如图5-42所示的"版本详情"页面,查看版本的相关信息。如果发现版本信息中有问题,还可单击"审核版本"中的 图标,在弹出的菜单中选择"撤回审核"选项。

图 5-42 "版本详情"页面

5.2.6 审核通过及时发布

小程序审核的结果只有两个,一个是不通过,一个是通过。如果审核不通过,审核结果中会将不符合要求的内容都列出来,运营者只需将这些问题一一解决,并再次提交审核,通过率便会大增。

当然,如果运营者并不急着进行审核,或是对小程序的通过还没有十足的把握,可以先进入如图 5-43 所示小程序公众平台的"微信小程序平台常见拒绝情形"页面,了解审核过程中可能会出现的一些问题,有则改之,无则加勉。

图 5-43 "微信小程序平台常见拒绝情形"页面

除了不通过之外，还有一种好结果，那就是通过。当审核结果出来之后，微信会话中便会以"服务通知"的形式给小程序管理员发送一条信息，如图 5-44 所示。单击该会话则可进入"服务通知"页面，查看具体审核信息，如图 5-45 所示。

图 5-44　"服务通知"信息　　图 5-45　"服务通知"页面

小程序管理员收到审核通过的信息之后，便可以在微信公众平台中发布小程序了，具体操作如下。

步骤 01　登录小程序微信公众平台，在"开发管理"页面找到如图 5-46 所示的"审核版本"的相关内容。可以看到，此时审核的状态显示为"审核通过，待发布"，然后运营者需要查看页面中的信息，并在确认无误之后，单击右侧的"提交发布"按钮。

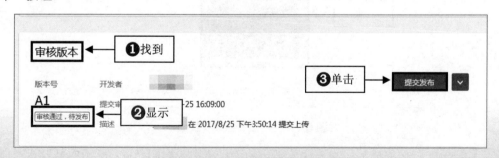

图 5-46　"审核版本"的相关内容

步骤 02　执行上述操作后，进入如图 5-47 所示的"提交发布的相关须知"页面，仔细阅读页面中的内容，如果确定要发布则勾选"已阅读并了解以上规则"复选框，然后单击"下一步"按钮。

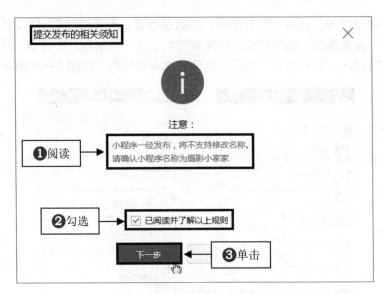

图 5-47 "提交发布的相关须知"页面

步骤 03 操作完成后,进入如图 5-48 所示的"发布版本"页面,小程序管理员需要用微信扫描二维码进行发布确认。

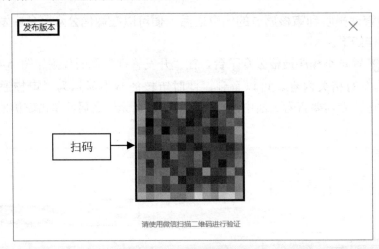

图 5-48 "发布版本"页面

步骤 04 扫码完成后,小程序管理员的手机将进入如图 5-49 所示的"发布当前版本?"页面;小程序运营者及管理员要仔细阅读页面中的相关信息,确认无误后,点击下方的"发布"按钮。

步骤 05 扫操作完成后,管理员的手机将转至"发布版本"页面,如果页面中显示"已发布"就说明小程序已成功发布,如图 5-50 所示。

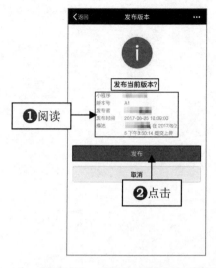

图 5-49 "发布当前版本？"页面　　图 5-50 小程序发布成功

小程序审核通过之后，需要手动发布，运营者在收到通过审核的信息之后，一定要记得到公众平台发布小程序。

小程序发布之后，运营者可以通过搜索等方式，查看小程序是否已经上线。另外，在小程序公众平台的"开发管理"页面中也将显示线上版本的相关信息，如图 5-51 所示。有需要的运营者可以前往查看。

图 5-51 "开发管理"页面中"线上版本"的相关信息

第6章

亮点设计:让用户看到你的独特价值

学前提示

亮点设计是为了展现自己独特的姿态,有效地达到吸引他人眼球的目的;亮点设计也是一种态度,能无声地表达出自己的立场,获得他人信任。

本章主要向读者介绍如何进行亮点设计,并利用创意设计打造醒目招牌,让用户更好地看到小程序的独特价值。

要点展示

➢ 3种理念,指示亮点设计方向
➢ 6大规则,亮点设计必须坚持
➢ 4种策略,给你个性设计思路

6.1 3种理念，指示亮点设计方向

设计理念体现的是小程序运营者的初心，正确的设计理念可以让运营者赢在起点。小程序的设计理念可以从成熟的小程序中得到借鉴，下面通过案例分析重点介绍3个设计理念。

6.1.1 明确核心用户

小程序运营者能够用于运营的时间和精力毕竟是有限的，而且产品只有卖给有需求的对象，才能卖出应有的价格。所以，运营者要重点打造与自身业务相关的产品和服务，而且要通过调查了解营销目标，并根据目标的需求提供相关产品和服务。

"一首一首诗"就属于定位精准方面较为突出的小程序，其用户定位是诗歌爱好者。该小程序推出的所有功能都是与诗歌直接相关的，其功能主要包括诗歌展示、录音朗诵等。图6-1所示为"一首一首诗"小程序的相关页面。

图6-1 "一首一首诗"小程序的相关页面

对于诗歌爱好者而言，获取诗歌内容虽然是核心需求，但除了获取诗歌之外，大多数人还会有展现朗诵水平的冲动。而"一首一首诗"正好又提供了录音功能，这便很好地满足了这一部分人的需求。

6.1.2 人无我有凸显价值

无论是何种事物，但凡是专业的，往往就更容易成为用户的选择。当产品的专业性强悍到专业人士不能缺少，并且市场上同类产品又比较少，甚至是没有时，就可能会因为"人无我有"而获得用户的青睐。

在诸多小程序中，"王者荣耀群排行"绝对可以算得上是一种独特的存在。在小程序上线初期，腾讯对于游戏类小程序是比较排斥的，而"王者荣耀群排行"虽然与《王者荣耀》这款热门游戏紧密相关，但却没有直接提供游戏服务，这也让这款小程序脱去了游戏的外衣。

另外，借助《王者荣耀》的超高人气，并且许多玩游戏的人又具有一定的比较心理，"王者荣耀群排行"小程序也因此获得了很好的发展，甚至于曾经一度成为用户量排在前列的小程序。

群排行，尤其是游戏类群排行软件可以说是很难找到的，而"王者荣耀群排行"作为唯一的一款《王者荣耀》排行类小程序，并且是由腾讯官方推出的，所以，其独特性也是显而易见的。当然，除此之外，该小程序的便利性也是其受到青睐的重要原因。

用户只需进入"王者荣耀群排行"小程序，并将其分享至微信群，便会出现一个小程序卡片，如图 6-2 所示。单击小程序卡片之后，便可进入"王者荣耀群排行"小程序，查看群排行、群动态和群任务等信息，如图 6-3 所示。这对于需要查看微信群游戏情况的用户来说，无疑是非常实用的。

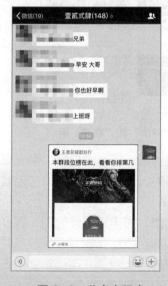

图 6-2 分享小程序

图 6-3 查看群排行情况

6.1.3 人有我优扩大优势

小程序说到底也属于产品的一种，只不过相比于具体的产品，它更多的是以服务的形式出现。特别是一些内容类的小程序，它提供的可能仅仅是某一方面的资讯。而要通过服务让应用软件脱颖而出，比较关键的一点就在于专注服务，做到"人有我优"。

运营者需要做的就是先确定小程序的服务内容，然后，围绕服务内容设计小程序的栏目，将用户最关心的信息尽可能地用板块展示出来。这一点大多数小程序都做得比较好。

比如，在"蜻蜓 FM"小程序中的"分类"板块，有精品、小说、脱口秀、相声小品、情感、儿童、历史和评书等数十个类别，其内容全面性可见一斑。除此之外，还在"精选"板块中列出了一些热门内容，图 6-4 所示为"蜻蜓 FM"小程序的"分类"和"精选"板块。

图 6-4 "蜻蜓 FM"小程序中的"分类"和"精选"板块

虽然内容的全面性不是衡量应用软件专业性的唯一标准，但是，毫无疑问的一点是，当一款应用软件与专业内容相关的内容越多时，用户便会认为该应用软件越具有专业性。

用户选择应用软件有时候就像是挑选购物地点，如果不是赶时间，许多人都会选择去大超市买东西，因为大超市的产品种类多，而且质量比较有保证。同样的道理，当应用软件提供的内容比较全面时，用户会觉得内容比较多，自己需要的内容都有，就会选择该应用软件。

6.2 6大规则，亮点设计必须坚持

对于小程序的页面设计，微信官方提出了一些要求，图 6-5 所示为"微信小程序设计指南"的部分内容。有需要的小程序运营者可以前往"微信小程序设计指南"的"设计"板块查看。小程序运营者可以将其视为设计自身小程序电商平台的官方规则，即便是打造个性电商平台，也需要建立在这些规则之上。

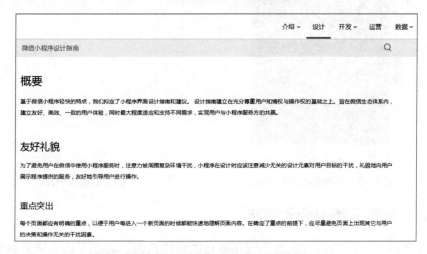

图 6-5 "微信小程序设计指南"的部分内容

6.2.1 确保操作不被打断

流畅无阻的操作体验，即用户在使用微信小程序的过程中，应该不被突如其来的无关内容所打断。要做到操作的畅通无阻并不容易，因为有的运营者经常会好心做坏事。比如，有的小程序运营者为了增强对用户的吸引力，会在用户的操作过程中弹出如图 6-6 所示的活动页面。

虽然运营者这么做是给用户发福利，但是，面对突然出现的红包，许多用户并不会因为获得小额红包而欣喜，相反的，却可能因为操作被打断而对该页面，甚至是对小程序产生反感。因此，为了使用户获得流畅的操作体验，运营者应减少领红包、抽奖、广告和提醒类信息的弹窗。

需要特别说明的是，如果提醒信息是与小程序的服务内容直接相关且不可跳过的，那么，此信息对于用户来说便是必要的信息，即使可能暂时打断用户操作，也必须进行设置。

比如，当用户打开"孕期提醒"小程序之后，会进入如图 6-7 所示的"今

日·好孕历"页面,让用户对预产期进行设置。因为该小程序中的内容都是根据怀孕的时间提供的,不同的怀孕时间,呈现的内容可能有较大的差异。所以,为了让用户获得更加准确的信息,此时的设置提醒便具有了必要性。

图6-6 不合理的抽奖页面

图6-7 必要的提醒设置

6.2.2 导航明确指示清晰

对于用户,特别是初次进入小程序平台的用户来说,导航栏可以起到地图的作用,而明确的页面导航则可以让用户迅速找到自己需要的内容,减少不必要的探索小程序内容的时间,增强小程序的便利性。

在作者看来,小程序平台中的导航栏主要有3个作用,一是告诉用户其所处的位置,二是给用户提供返回渠道,三是对用户的操作进行引导。其中,操作引导既是对用户最具实用价值的内容,也是运营者可以充分利用的部分。如果运营者需要达到某一目的,便可以通过导航栏的一步步引导来实现。

比如,在电商购物类小程序中,运营者为了让用户快速完成购物,可以通过明确的导航让用户快速找到自己需要的产品,此时,如果再提供便利的购买途径,用户通常更容易下单完成购买。

以"拼多多"小程序为例,图6-8所示为该小程序的"首页"页面。可以看到,在"首页"页面,用户可以对包括"男装""鞋包""手机"和"电器"等类别的商品进行选择。

如果用户在"首页"页面中选择"男装",并进入对应页面之后,导航栏下方又会出现"爆款""T恤""POLO衫"和"套装"等下一级导航栏,如图6-9所示。

图6-8 "首页"页面

图6-9 "男装"页面

如果用户选择"爆款"选项，页面将转至如图6-10所示的"爆款"页面。另外，单击某一商品之后，即可进入如图6-11所示的"商品详情"页面。该页面为用户提供了购买途径。用户只需点击页面下方的"单独购买"按钮或"一键开团"按钮，便可对产品进行购买。

图6-10 "爆款"页面

图6-11 "商品详情"页面

大部分用户并不会因此对随处可见的导航栏感到厌烦，相反的，还会觉得运营者在设计小程序时充分考虑到了用户的感受，因为导航栏很好地充当了地图的作用，当前页面中可以查询的内容变得一目了然。

6.2.3 重点突出易于把握

每个微信小程序的页面都有一个主题，小程序运营者需要做的就是将主题内容作为重点进行突出显示。从而在重点呈现的同时，让用户更好地把握页面中相对重要的内容。

图 6-12 所示为部分小程序查询页面的内容，该页面中的上下方各放置了一个广告，而"查询"按钮下方的词条则大小一致显得没有重点，这种查询设置显然是错误的。

那么，正确的查询页面怎么设置呢？作者认为，可以从两个方面来考虑。

首先，与查询内容无关的内容，如广告信息，应该全部去掉；其次，在提供搜索词条时要考虑用户的使用习惯，将搜索频率高的几个词汇重点呈现，有条件的甚至可以通过字体的大小反映词汇的搜索热度，让热词更加显眼，如图 6-13 所示。

图 6-12 错误的查询设置

图 6-13 正确的查询设置

虽然小程序中可以放置广告，但是，小程序运营者最好还是尽量少在页面中放广告，因为，广告在页面中会显得很突兀。而且在大多数情况下，广告都是不招人待见的，毕竟用户使用小程序不是为了看广告。

6.2.4 主次分明减少选择

小程序运营者在进行操作选择设置时，需要做到主次分明，帮用户分清主要操作和次要操作，不要让用户陷入难以选择的境地。

图 6-14 所示为错误的操作选择设置,之所以说它是错误的设置,就是因为该页面给用户提供了"操作一""操作二""操作三"3 个操作选择。这 3 个操作选择,只有文字略有差异,可以说完全看不出主次。在这种情况下,用户怎么选择呢?

对此,小程序运营者不妨直接将操作名称命名为"主要操作""次要操作",并为其配备不同的背景色,如图 6-15 所示。这样一来,主次有别,用户自然也就不用再为选择为难了。

图 6-14　错误的操作选择设置　　图 6-15　正确的操作选择设置

让操作主次清晰主要有两种方法,一种是直接写明,另一种则是减少选择项。所以,在不好分别设置操作的情况下,小程序运营者还可以适当减少操作的选择项。如果实在要让用户选择,可以分几次进行。

6.2.5　页面规范标准统一

虽然小程序的功能是吸引用户的主要因素,但是,小程序电商运营者需要明白一点,很多人都是"颜值控"。如果一个小程序电商平台只注重使用功能,却不注重视觉效果,有些用户可能会觉得设计太低端了,并选择离开。这样一来,势必会造成用户的流失。

因此,为了增强微信小程序电商平台的视觉效果,微信从字体、列表、表单、按钮和图标这 5 个方面制定了规范。

1. 字体

从字体来看,"微信公众平台|小程序"的"微信小程序设计指南"页面对字号

和字体颜色分别制定了规范。首先，对于页面中各内容的字号，微信给出了统一的规范，具体如图 6-16 所示。

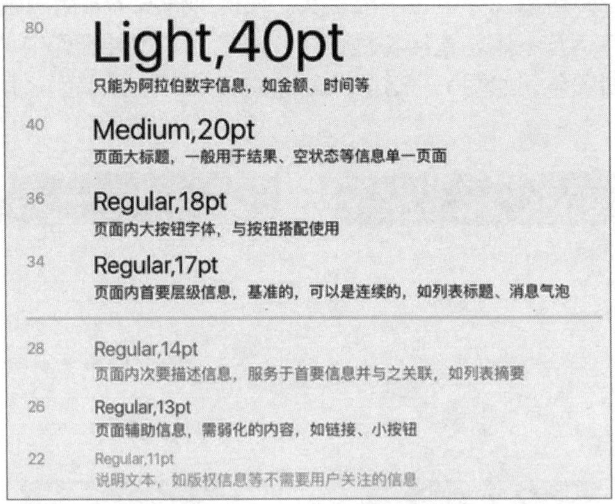

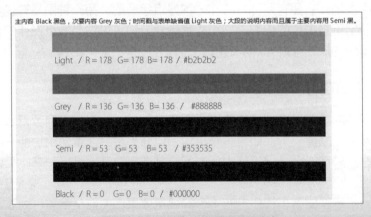

图 6-16　小程序字号规范

除了字号之外，微信官方还对字体颜色表示的意义及使用标准制定了规范，并明确指出："主内容 Black 黑色，次要内容 Grey 灰色；时间戳与表单缺省值 Light 灰色；大段的说明内容而且属于主要内容用 Semi 黑。蓝色为链接用色，绿色为完成字样色，红色为出错用色 Press 与 Disable 状态分别降低透明度为 20%与 10%。"具体字体颜色规范内容如图 6-17 和图 6-18 所示。

图 6-17　小程序字体颜色规范(1)

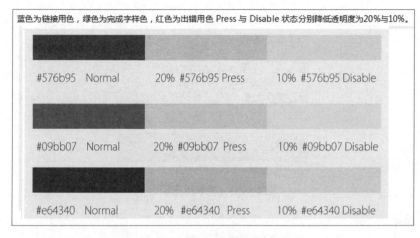

图 6-18 小程序字体颜色规范(2)

2．列表

作为页面内容的重要组成部分，列表的呈现效果也直接影响到用户的视觉感受。所以，为了统一列表格式，让用户获得较好的视觉感受，"微信公众平台|小程序"的"微信小程序设计指南"页面制定了如图 6-19 所示的列表视觉规范。

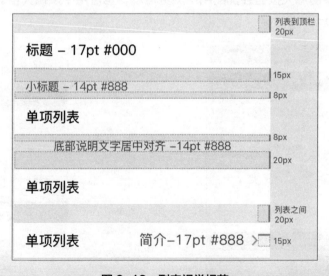

图 6-19 列表视觉规范

3．表单

表单由表单标签、表单域和表单按钮组成，而表单域还包含文本框、多密码框、隐藏域、复选框、单选按钮和下拉列表框等诸多内容。因此，为了统一表单格式，微信小程序制定了如图 6-20 所示的表单视觉规范。

图6-20 表单视觉规范

4．按钮

根据高度的不同，微信小程序中的按钮可分为大按钮、中按钮和小按钮3种。其中，大按钮的固定高度为94px(47pt)，它表示当前页面的即时操作，因此必须是有效且能够满足用户实际需求的按钮。大按钮的具体使用原则如图6-21所示。需要特别注意的是，一个页面中只能出现一次主操作按钮。

中按钮的固定高度为70px(35pt)，它表示重要程度不高或者不鼓励操作的按钮。当然，如果使用大按钮会扰乱用户浏览信息，也可用中按钮代替。中按钮的具体使用原则如图6-22所示。

图6-21 大按钮的使用原则　　　　　图6-22 中按钮的使用原则

小按钮的固定高度为60px(30pt)，它表示微信小程序页面中某项内容的操作或选择。与大按钮不同，小按钮可以重复出现。小按钮的具体使用原则如图6-23所示。

除了上述 3 种按钮之外，微信小程序中还可能出现两类按钮，一类是表示按钮已经失效，还有一类是表示按钮正在加载。"微信小程序设计指南"页面对这两类按钮的使用原则进行了相关的规定，具体如图 6-24 所示。

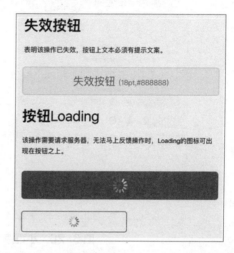

图 6-23　小按钮的使用原则　　图 6-24　失效按钮和按钮 Loading 的使用原则

5．图标

在微信小程序中，最为常见的图标主要有 3 类，一是表示完成的图标，二是表示错误提示或警示的图标，三是表示提醒的图标。为了统一图标，让用户更快获知图标代表的意义，"微信小程序设计指南"页面针对上述 3 种图标制定了使用原则，具体如图 6-25 所示。

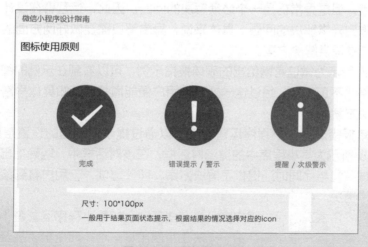

图 6-25　图标使用原则

"微信小程序设计指南"还对小程序 Titlebar 按钮的相关内容进行了说明，具体如图 6-26 所示。

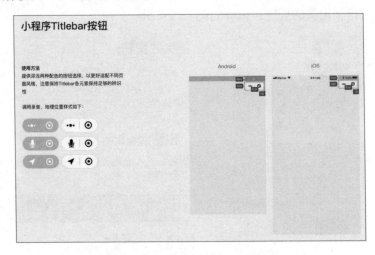

图 6-26　小程序 Titlebar 按钮

设计规范不仅可以提升小程序的页面效果，还是提高小程序审核通过率的重要手段。当运营者按照微信官方给出的设计规则设计小程序时，审核人员会觉得运营者遵循了规则，这样留下的印象自然会好一些。

6.2.6　异常情况做出提醒

当用户操作不当时，微信小程序页面可能会出现一些异常情况。虽然这不是小程序自身的过错，但是异常仍是一个必须解决的问题。因此，运营者在设计小程序页面时，必须要想到异常解决的问题。具体来说，异常解决需要做好两方面的内容。一是告知异常，二是提供解决方案。

图 6-27 所示为微信官网给出的表单报错示例，可以看到在示例的图片中，明确指出"卡号格式不正确"。经过这一处理，用户便能清楚地获知具体异常情况，并找出对应的解决方案。

除了表单报错之外，小程序运营者还可以通过提示对话框的设置帮用户解决异常。图 6-28 所示为某小程序中的提示对话框，在该对话框中，明确指出"支付密码错误，请重试"，与此同时还提供了解决方案，即"重试"，用户看到该对话框便可自行解决异常情况。

因为遇到异常情况之后，用户多少会有些无助，如果小程序运营者不能为用户提供解决方案，那么用户很可能会由于无法正常使用某些功能而退出，甚至是删除小程序。所以，在设计小程序页面时，小程序运营者一定要充分考虑可能出现的异常情况，并加以解决。

图 6-27　表单报错

图 6-28　提示对话框

6.3　4 种策略，给你个性设计思路

虽然根据设计指南设计的小程序能够提高审核的通过率，但是，如果只是单纯地根据设计指南来打造小程序，势必会造成版式上的同质化，使小程序失去特色。那么，小程序运营者应如何来定制适合自身实际情况的小程序呢？这便是本节将要重点解答的问题。

6.3.1　找到适合小程序平台的业务

企业型小程序的特点在于内容需要围绕企业的现有业务进行移动化改造，而内容又由选择的领域决定，因此，小程序运营者在设计一款小程序时，首先要做的就是根据业务选择合适的领域，运营主体擅长什么就提供什么服务。

所谓擅长什么就提供什么服务，实际上就是在自我定位的基础上，在适合自身情况的领域开展业务。对于这一点，小程序运营者可以从两方面进行考虑，具体如下。

1. 业务复制

许多运营者在开发小程序平台之前，可能已经在某些领域做出了一些成绩。对于这部分运营者，在开发小程序时，只需将这些老本行作为主要内容进行呈现即可。

这一方面，绝大部分小程序运营者都做得比较好。比如，"爱奇艺""腾讯视频"等，在开发小程序之前便是国内排在前列的视频平台，而当其在小程序中以提供视频内容为主要业务时，很快便获得了大量用户。

2. 业务延伸

对于小程序运营者来说，有时候仅仅是在原有业务上进行复制可能还不够，运营者可以在原有业务的基础上进行延伸，根据目标用户的需求和自身实际情况，拓展业务范围。

这一点"蜻蜓 FM"做得很好，作为国内知名的音频平台，在开发小程序之前，"蜻蜓 FM"的主要盈利模式为对精品内容收费。而开发小程序之后，它却将精品音频作为礼品，顺势推出了"蜻蜓礼品卡"小程序。这样一来，"蜻蜓 FM"的业务无疑是得到了拓展。图 6-29 所示为"蜻蜓礼品卡"小程序的相关页面。

图 6-29　"蜻蜓礼品卡"小程序的相关页面

6.3.2　根据核心用户需求设置功能

对用户而言，一款应用的价值很大程度上取决于功能的实用性。因此，功能越实用的小程序，越能得到用户的青睐。而小程序运营者需要做的就是，结合自身实际情况，提供对用户有用的功能，让用户离不开你的小程序。

虽然在运营者选择领域之后，小程序的功能基本上已经确定了，但是，如果用户是初次使用小程序，那么他(她)对于小程序实用性的感知基本上来自于小程序的页面设计。

所以，运营者在设计小程序页面时，应尽可能地体现其功能的实用性。这一点对于工具类小程序平台来说尤其重要。当然，大部分工具类小程序平台在这方面也都做得比较好。

"100 房贷助手"是一款用于计算房贷的小程序，如图 6-30 所示为其默认页面。用户只需点击默认页面中的"添加贷款"按钮，便可进入如图 6-31 所示的"贷款项目"页面。

图 6-30 "100 房贷助手"小程序默认页面　　图 6-31 "贷款项目"页面

根据实际情况在"贷款项目"页面输入相关数据之后，便可快速得出如图 6-32 所示的"贷款明细"。在"贷款明细"页面点击"提前还款"按钮，还可进入如图 6-33 所示的页面，对提前还款进行计算。

图 6-32 "贷款明细"页面　　　　图 6-33 "提前还款"页面

对于有买房需求和正在为房贷奋斗的人群来说，房贷的计算是一项必要的工作，但是，用一般的计算工具进行计算，相对来说比较麻烦。所以，许多用户都希望有一款专门的房贷计算工具。

而"100 房贷助手"作为一款用于计算房贷的工具，操作相对比较简单，而且只需输入少量数据便可获得非常详细的数据。因此,对房贷数据有需求的用户在看到该小程序之后,很容易将其作为必备的工具之一。

6.3.3 为用户意见的表达提供入口

满足用户的参与需求是确保小程序能够长久发展的重要因素。那么,小程序应如何提高用户参与度呢?其中一个比较实用的方法就是在小程序中为用户提供意见表达入口。

为用户提供意见表达入口的方式有很多,较为常见的一种是设置评论板块。这种为用户意见表达提供入口的方法在购物类小程序中可以说非常常见。比如,在"京东购物"小程序中,用户便可以在"我的订单"中点击"去评价"按钮,对确认收货的商品进行评价,具体如图 6-34 所示。

图 6-34 "京东购物"小程序中评价商品的相关页面

评价不仅是为用户提供意见表达入口,更是取信用户的必要设置。毕竟,许多人在购买产品时,都会或多或少地参考他人的意见,如果在平台中不能看到他人对产品的评价,那么许多人可能会对产品的质量有所怀疑。所以,小程序运营者在设计小程序平台时,也应该设置产品评论板块,让用户表达意见。

6.3.4 更新升级提供更贴心的服务

更新设计大概是每个小程序都不可缺少的,无论是因为大众需求的发展,还是软件本身的缺陷所导致的更新,程序系统的进步总是将软件推向更好的方面。

用户下载企业小程序,主要是为了获得相应的需求,比如购买、收藏、获取活动信息等。如果企业小程序不能及时更新,导致信息和内容陈旧,用户就会失去使用的兴趣。

比如，视频网站类小程序主要就是以资源吸引用户，在这种情况下，如果没有及时更新内容，结果很可能就是，大量用户为了更快获得相关资源，流向其他平台。

以"爱奇艺视频"小程序为例，图 6-35 所示为该小程序中某电视剧的播放页面。在该页面中，明确指出此电视剧"VIP 周二至周四 22 点更新 2 集，非会员 24 点更新"。试想一下，如果运营者不能按照约定及时进行更新，用户便很有可能因为失望而对小程序失去信心。

除了对具体内容进行更新之外，为了让用户获得更好的使用体验，还需要适时对小程序自身进行更新升级。图 6-36 所示为"爱奇艺视频"小程序的"关于"页面，从该页面中可以看出小程序曾在 2018 年 5 月 8 日进行过更新。

图 6-35　某电视剧播放页面

图 6-36　"关于"页面

内容更新是小程序设计过程中需要重点考虑的一个因素，这一方面是因为及时更新，可以为用户提供全新的信息，从而用内容留住用户。另一方面也是对运营者运营态度的一种体现，当小程序呈现新内容时，用户看到之后，便会明白小程序正处于积极运行中。

第 7 章

入口把控：将流量尽皆握在自己手中

> **学前提示**
>
> 和其他应用软件相同，小程序要获得发展，关键的一点在于拥有足够多的流量。与其他应用不同的是，小程序入口本身就带有一定的流量。
>
> 而小程序本身又拥有众多入口，所以只要用好这些入口，便会发现小程序的发展潜力可能远超你的想象。

要点展示

- 8个天然入口，每个小程序都能使用
- 5个额外入口，关联公众号即可拥有
- 3个外部入口，给你源源不断的流量

7.1　8个天然入口，每个小程序都能使用

腾讯CEO马化腾曾经表示："小程序是腾讯2017年最大战略，没有之一！"他这句话并不是空话，这一点从微信，乃至腾讯对小程序的支持力度可以看得出来。要说微信对小程序的支持，就不得不说微信给小程序提供的天然入口了。

7.1.1　小程序二维码扫码直达

与其他应用相比，微信小程序推广最大的优势之一就是可以将二维码作为一个入口。也就是说，用户甚至无须根据小程序名称搜索，只要在运营者亮出二维码之后，用微信"扫一扫"识别便可以进入。而小程序二维码又是可以直接下载的，这无疑为二维码入口引流提供了极大的便利。

纵观人们的日常生活，微信"扫一扫"扮演着越来越重要的角色。从加微信好友，到微信支付，只要手机在身上人们便可以通过扫码做很多事。微信"扫一扫"无疑给人们带来越来越多的便利，与此同时，人们也越来越习惯于通过扫码进行相关操作。

在这种情况下，二维码势必会成为用户进入小程序，特别是线下进入小程序的重要途径。因此，进行扫码线下推广对于微信小程序电商运营者的意义将变得日益重大，那么如何进行扫码线下推广呢？

小程序运营者可以进入微信小程序后台"设置"页面，单击"下载更多尺寸"按钮，如图7-1所示。

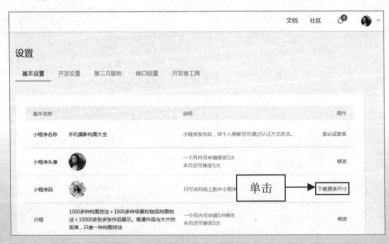

图7-1　"设置"页面

操作完成后，进入如图 7-2 所示的"更多尺寸"页面，选择某一尺寸，并单击 图标即可下载小程序二维码。

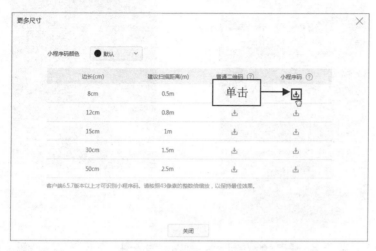

图 7-2 "更多尺寸"页面

下载小程序二维码之后，小程序运营者可以将二维码放置在显眼的位置，并对扫码进入微信小程序平台以及小程序可以给用户带来哪些便利进行简单的说明。而为了增强推广效果，小程序运营者可以通过增加二维码数量、进行针对性推广等方式，让更多用户接触到二维码。

用二维码为用户进入小程序提供入口的关键在于，让用户愿意扫码进入小程序。对此，运营者需要重点把握两点，一是将二维码放在显眼位置，让受众一眼就可以看到；二是给出一定的诱饵，增加受众的扫码率。

需要特别说明的是，随着小程序功能的不断开放，普通二维码也是可以进入小程序的，这一点从图 7-2 中的下载选项中不难看出，而这样一来，二维码这个小程序入口也就变得更加便捷了。

7.1.2 向好友递出小程序卡片

小程序中都设置了分享功能。借用聊天进行分享是小程序最重要的传播方式之一。小程序运营者可以通过一些简单的操作，将小程序分享给微信好友或微信群。

步骤 01 进入小程序，点击右上方的 ••• 按钮，如图 7-3 所示，页面中弹出列表框，点击列表框中的"转发"按钮，如图 7-4 所示。

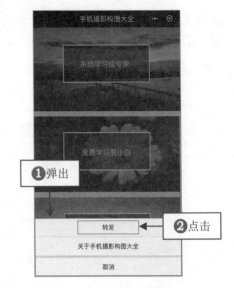

图 7-3　点击 ••• 按钮　　　　图 7-4　点击"转发"按钮

步骤 02 执行上述操作后,进入"选择一个聊天"页面,在该页面中选择需要转发的对象,将弹出"发送给"对话框,显示发送对象,然后点击"发送"按钮,如图 7-5 所示。

步骤 03 完成操作后,在分享对象的聊天信息中,将生成一个小程序链接卡片,如图 7-6 所示。转发对象只需点击该链接卡片,便可以进入自媒体运营者分享的小程序页面。

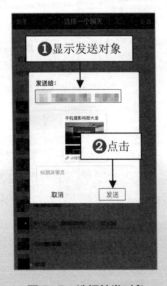

图 7-5　选择转发对象　　　　图 7-6　转发完成

分享小程序，特别是将小程序分享到微信群时，因为群成员中可能会有一些对自媒体运营者不是太熟悉的人。在这种情况下，这部分人可能会对分享小程序的行为表示厌恶。

对此，小程序运营者可以通过一定的举措将分享这种硬推广尽可能地软化，比如，在分享时结合微信群中热议的话题，让小程序与该话题产生联系，将推广行为变成帮微信群成员解决相关问题。

7.1.3 聊天记录用过就找得到

微信聊天对小程序具有记录功能，只要小程序成功分享给微信好友或微信群，便会出现在"聊天信息"中的"聊天小程序"一栏。而且这种记录还将长久留存，免费对分享的小程序进行推广，并提供入口。

步骤01 登录小程序，将需要被记录的微信小程序分享至微信好友或微信群，如图 7-7 所示，点击 图标，进入"聊天详情"页面，找到"聊天小程序"一栏并点击，如图 7-8 所示。

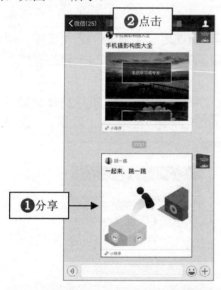

图 7-7 将小程序分享至微信群　　图 7-8 "聊天详情"页面

步骤02 执行上述操作后，进入如图 7-9 所示的"聊天小程序"页面，点击目标小程序，如"跳一跳"，便可直接进入小程序默认页面，如图 7-10 所示。

图 7-9 "聊天小程序"页面

图 7-10 "跳一跳"小程序默认页面

7.1.4 下拉聊天页面显示入口

不太关注小程序更新动态的自媒体运营者可能不知道,在微信消息页面中,便提供了一个小程序入口。只是这个入口并不是直接呈现出来的,要通过一定的操作才能看到它。

2017 年 12 月下旬,微信再次对微信小程序进行更新升级。此次更新升级完成后,许多人惊喜地发现,进入如图 7-11 所示的微信消息页面之后,只要下拉屏幕,屏幕上方就会出现小程序任务栏,如图 7-12 所示。

图 7-11 微信消息页面

图 7-12 下拉出现小程序入口

小程序任务栏中会出现近期使用过的小程序，用户只需点击某个小程序的图标便可以直接进入，如果近期使用的小程序比较多，部分小程序未出现，还可以通过向左滑动屏幕的方式，查看其他使用过的小程序。

将小程序任务栏滑至最右端之后，会出现一个 图标，如图 7-13 所示。用户如果点击 图标则可以进入如图 7-14 所示的"小程序"页面，在此页面中可以查找小程序和查看附近的小程序。

图 7-13　点击 图标　　　　图 7-14　"小程序"页面

7.1.5　附近的小程序自动显示

在微信中设置了"附近的小程序"板块，在该板块中，微信用户可以看到自己所处位置附近的小程序。也就是说，只要小程序运营者设置的小程序位于目标用户附近，便相当于是为用户提供了一个进入小程序的入口。

在微信的"发现"页面中提供了"小程序"入口，点击该入口的对应按钮之后，便可进入如图 7-15 所示的"小程序"页面；点击该页面中的"附近的小程序"一栏，则可在如图 7-16 所示的"附近的小程序"页面看到用户附近的小程序，甚至连运营主体与用户位置之间的距离也会显示出来。

而这些附近的小程序，又是只要单击便可进入的。所以，只要运营主体的小程序出现在用户附近，便相当于多了一个天然的入口。

需要特别注意的是，虽然"附近的小程序"对于小程序运营者来说是一个引流入口，但是，在设置小程序位置时，运营者还需实事求是，而不能为了让更多人看到就胡乱设置位置，因为对于错误的位置，用户有权向微信官方投诉。

图 7-15 "小程序"页面　　图 7-16 "附近的小程序"页面

7.1.6　知道名称直接搜索即可

在微信中为用户提供了多个小程序搜索入口，比如，微信"搜一搜"、小程序搜索栏等。只要用户知道小程序名称，或者小程序名称中的关键字，并将其输入这些搜索栏，便可以进入该小程序。让用户通过"搜一搜"功能进入微信小程序平台的具体操作如下。

步骤 01　进入微信的"发现"页面，点击"搜一搜"按钮，如图 7-17 所示，进入如图 7-18 所示的"搜一搜"页面，在搜索栏中输入小程序名称进行搜索。

图 7-17 "发现"页面　　图 7-18 "搜一搜"页面

步骤 02 比如,搜索"美团外卖"时,将出现如图 7-19 所示的搜索结果页面,在搜索结果中,点击小程序板块中的选项,便可以直接进入目标小程序的首页,如图 7-20 所示。

图 7-19 搜索结果页面　　　　图 7-20 "美团外卖"小程序首页

对于搜索栏这个入口,小程序运营者要想充分利用,还得通过营销推广,让用户对你的小程序有所认知,记住你的小程序的名称。只有这样,你的目标用户才能通过搜索进入小程序平台。

7.1.7 搜索对应业务点击直达

要搜索小程序,最直接的方式无疑就是搜索该小程序的名称或名称中的某些关键词。其实,随着小程序功能的不断开放,搜索功能也变得日益强大。除了搜索名称之外,还可以通过搜索相关服务直达小程序,具体操作如下。

步骤 01 进入微信的"搜一搜"页面,在搜索栏中输入需要查询的服务。图 7-21 所示为搜索"快递"的相关结果。从图中不难看出,在该页面中便赫然显示了"快递-服务"一栏。

步骤 02 在"快递-服务"一栏中点击需要的服务,比如,点击"寄件"按钮,便可进入如图 7-22 所示的小程序"预约寄件"页面,用户只需输入预约寄件信息,便可以通过小程序进行寄件预约。

当然,需要说明的一点是,小程序的"功能直达"能力尚处于内测阶段,只有部分收到内测邀请的运营者才可以使用该功能。

图 7-21 搜索结果页面

图 7-22 "预约寄件"页面

7.1.8 朋友圈广告点击可进入

在小程序上线之初,微信对于小程序朋友圈营销的行为可以说是有一点抵触的,其中最为直接的一点就是小程序不能直接分享至朋友圈。而随着小程序的发展,小程序朋友圈广告也变得多样起来。

小程序朋友圈广告的推广方式主要有两种,一种是将小程序二维码分享至微信朋友圈,让用户扫码进入。图 7-23 所示为"有车以后"小程序的朋友圈广告页面,用户只需长按识别图中的二维码,便可以进入如图 7-24 所示的小程序首页页面。

图 7-23 朋友圈广告

图 7-24 "有车以后"小程序首页

另一种是在微信朋友圈广告中提供一个进入小程序的链接，用户只需点击该链接便可直接进入小程序。虽然这种朋友圈广告推广效果通常比较好，但却需要支付一定费用。

以上两种微信朋友圈广告推广方式虽有所不同，但是，无论是哪种方式，都可以为用户进入小程序提供一个入口，为小程序的推广助力。至于要选择何种朋友圈广告推广方案，小程序运营者只需根据自身需求决定即可。

7.2　5个额外入口，关联公众号即可拥有

对于小程序运营者来说，微信平台推广微信小程序主要有 3 种途径，其中，二维码更多的是提供线下入口，而分享功能则是将小程序推广至有一定联系的微信好友或微信群。那么，如何才能在线上将小程序推荐给更多陌生人呢？此时，就需要用到公众号了。只要小程序运营者将小程序关联公众号，便可以额外拥有 5 个入口。

7.2.1　关联之后即可通知用户

将小程序关联公众号对于小程序运营者来说，可谓至关重要。这不仅是因为关联之后，可以通知公众号粉丝，更关键的一点在于，微信公众号中进入小程序的入口都建立在小程序关联公众号上。

如果小程序不关联微信公众号，便等于是自动截断了几个进入小程序的入口。关联小程序需要在微信公众号中进行，具体来说，小程序运营者可以通过如下操作在微信公众号中关联小程序。

步骤 01　进入微信公众号平台，单击左侧菜单栏中的"小程序管理"按钮。同一个公众号可以关联多个小程序，对于已经关联了小程序的公众号可以单击右侧的"添加"按钮，如图 7-25 所示。

图 7-25　"小程序管理"页面

步骤 02 执行上述操作后，进入"添加小程序"页面，选择"关联小程序"按钮，便可以通过提示完成公众号与小程序的关联，如图 7-26 所示。

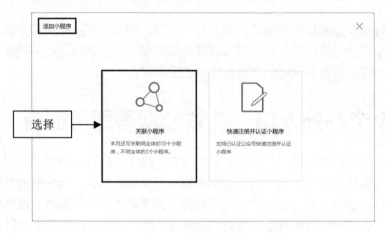

图 7-26 "添加小程序"页面

步骤 03 完成小程序关联公众号之后，可以在微信公众号中向粉丝发送一条关联通知，如图 7-27 所示。用户只需单击该关联通知便可以进入公众号关联的小程序。而且完成关联之后，在手机端查看公众号主体信息时，可以看到"相关小程序"一栏，如图 7-28 所示，用户只需单击图标便可以进入对应小程序。

图 7-27 公众号关联小程序通知　　　　图 7-28 公众号主体信息页面

虽然每个公众号每天只有一个推送图文消息的名额，但是自媒体运营者大可不必担心发送关联小程序通知之后会影响正常的消息推送，因为该通知是不占用每天的推送名额的。

7.2.2 菜单栏设置小程序入口

小程序关联微信公众号之后,小程序运营者可以在微信公众号菜单栏中插入小程序链接。只要用户单击该链接,便可以进入小程序。小程序运营者可以在微信公众号后台,通过如下操作对公众号菜单栏进行设置,在菜单栏中为进入小程序提供入口。

步骤01 在微信公众号后台的"自定义菜单"页面中,单击"+"图标,增加"小程序"选项,并在右侧的"跳转小程序"板块中,在"子菜单名称"栏中,输入"小程序",在"子菜单内容"栏中,选中"跳转小程序"单选按钮,然后单击"选择小程序"按钮,具体如图7-29所示。

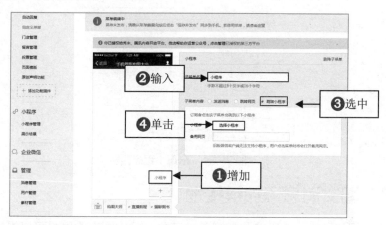

图7-29 "自定义菜单"页面

步骤02 执行上述操作后,进入"选择小程序"页面,勾选需要关联的小程序,然后单击下方的"确定"按钮,如图7-30所示。

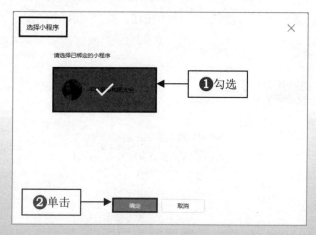

图7-30 "选择小程序"页面

步骤 03 操作完成后,在"小程序路径"栏中,将出现链接的小程序页面路径,如图 7-31 所示。小程序运营者只需单击下方的"保存并发布"按钮,便可以将调整后的菜单栏运用于公众号,公众号粉丝只需点击菜单栏中的"小程序",便可以进入小程序。

图 7-31　出现小程序路径

7.2.3　图文消息添加链接地址

运营过公众号的运营者应该都知道,在公众号的图文信息是可以设置超链接的。小程序同样可以以超链接的方式出现在微信公众号的图文信息中。运营者只需进行如下操作便可实现让用户在公众号图文消息中打开小程序。

步骤 01 进入微信公众平台的"创建图文消息"页面,将鼠标停留在需要插入小程序链接的位置,然后单击右侧的 小程序 按钮,如图 7-32 所示。

图 7-32　"创建图文消息"页面

步骤 02 执行上述操作后，进入"选择小程序"页面，运营者需要在该页面中勾选已关联的小程序，然后单击下方的"下一步"按钮，如图 7-33 所示。

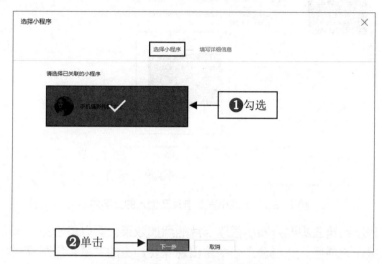

图 7-33 "选择小程序"页面

步骤 03 进入"填写详细信息"页面，在该页面选择展示方式，完善相关信息，然后单击下方的"确定"按钮。图 7-34 所示为选择"小程序卡片"展示方式的相应页面。

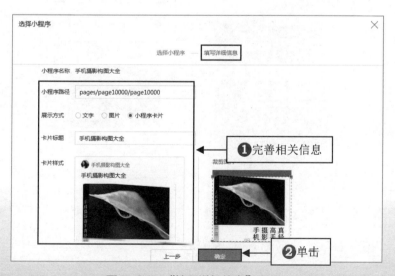

图 7-34 "填写详细信息"页面

步骤 04 完成上述操作后，插入小程序的位置将出现小程序卡片及输入的文字内容，如图 7-35 所示。

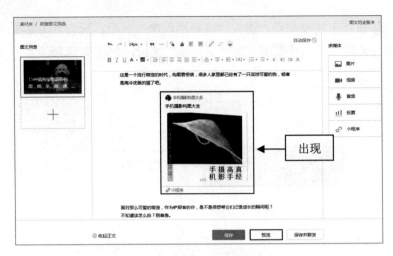

图 7-35 出现小程序卡片及输入的文字内容

如果小程序运营者想要查看小程序卡片的添加效果，可以单击图 7-35 中的"预览"按钮。操作完成后，微信公众号中将出现需要预览的文章，如图 7-36 所示，点击该文章，即可进入图 7-37 所示的图文预览页面。在预览时可以看到小程序卡片，只需点击该卡片便可以直接进入链接的小程序页面。

图 7-36 出现预览文章

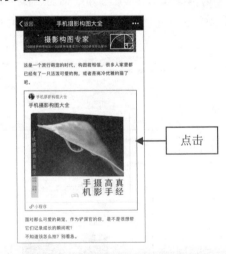

图 7-37 预览文章

7.2.4 通过介绍页面互相跳转

对于关联了小程序的公众号来说，用户可通过主体信息介绍页面的图标，实现公众号与小程序的互相跳转。下面以"爱奇艺"公众号和"爱奇艺视频"小程序为例，进行介绍。

步骤 01 用户进入"爱奇艺"公众号的默认页面之后,点击右上方的图标,如图 7-38 所示,即可进入该公众号的信息介绍页面。在该公众号关联的小程序中,选择"爱奇艺视频"小程序图标,如图 7-39 所示。操作完成后,便可直接进入"爱奇艺视频"小程序。

图 7-38　"爱奇艺"公众号默认页面　　图 7-39　"爱奇艺"信息介绍页面

步骤 02 进入"爱奇艺视频"小程序后,点击 图标,在弹出的选项框中选择"关于爱奇艺视频"选项,如图 7-40 所示,便可进入如图 7-41 所示的"爱奇艺视频"信息介绍页面。而在该页面中,用户只需选择"爱奇艺"公众号图标,便可以直接进入该公众号。

图 7-40　选择"关于爱奇艺视频"选项　　图 7-41　"爱奇艺视频"信息介绍页面

7.2.5 落地页广告增加宣传面

随着微信对小程序功能的开放，进入微信小程序的入口越来越多了，就在 2017 年 12 月，小程序又增加了公众号落地页广告这一入口。值得一提的是，微信公众号落地页广告是微信小程序运营者可以自行添加的，具体操作如下。

步骤 01 登录微信公众平台，进入"广告主"页面，切换到"公众号广告"选项卡，进入"公众号广告"页面，然后单击"新建广告"按钮，如图 7-42 所示。

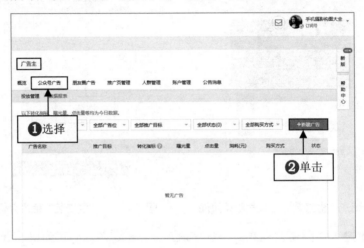

图 7-42　"广告主"页面

步骤 02 进入"创建广告"页面，设置"推广目标"为"公众号推广"、"广告位置"为"底部广告"，然后单击"确定"按钮，如图 7-43 所示。

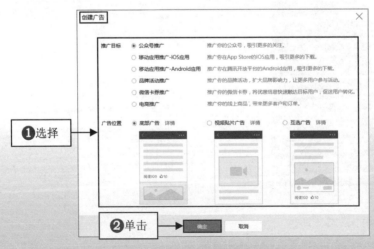

图 7-43　"创建广告"页面

步骤 03 根据系统指示，填写投放广告的相关信息，便可以进行公众号落地页广告的投放，效果展示如图 7-44 所示。

图 7-44　公众号落地页广告效果展示

7.3　3 个外部入口，给你源源不断的流量

一说小程序的入口，大多数人首先想到的可能是微信。确实，在微信中为小程序提供了大量入口，这一点本章前两节便是很好的说明。其实，除了微信之外，还有几个入口是小程序运营者必须重点把握的，这一节笔者就来进行具体解读。

7.3.1　让第三方为你点赞

大多数用户在下载 APP 之前都会在应用商店查看 APP 的相关评价，并结合平台的推荐做出选择。同样的道理，许多用户在使用小程序之前都会先在应用市场进行查看。

而且由于用户平时可以接触到的小程序比较有限，所以，许多人都将应用市场作为获得更多小程序的重要途径。正是因为如此，小程序应用市场成为小程序重要的流量入口之一。小程序运营者可以通过应用商店将小程序介绍给用户，特别是不知道要用什么小程序的用户，提供一个入口，帮用户找到使用小程序的理由。

应用市场中不仅对小程序进行测评和推荐，而且还可通过二维码的放置为小程序提供流量入口。比如，知晓程序的"小程序商店"页面便设置了"精品推荐"和"口碑榜"两大板块，如图 7-45 所示。

图 7-45 "小程序商店"页面

如果运营者的小程序能够进入这两大板块中,并且排在前列,那么用户进入该应用市场之后便可以看到小程序,这样一来,小程序的曝光率无疑可以大大增加,而小程序的认知度也将获得提高。

另外,如果在"小程序商店"页面单击某个小程序,即可进入其信息介绍页面。图 7-46 所示为"小睡眠"小程序的信息介绍页面。可以看到,该页面不仅对"小睡眠"小程序的相关信息进行了介绍,而且还在页面右侧专门对小程序的二维码进行了展示,用户只需扫码,便可以直接进入小程序。

图 7-46 知晓程序中"小睡眠"小程序的信息介绍页面

对于小程序来说,流量较大的应用市场,就是一个很好的宣传和推广平台。如果运营者能够让小程序出现在应用市场中的有利位置,那么更多的用户将对小程序有所认知。

另外,因为应用市场是第三方平台,所以,在用户看来,相比于小程序运营者自身宣传，应用市场的测评结果更加客观，也更能令人信服。

7.3.2 WiFi推荐加大宣传

继百度搜索、微信、APP、直播、二维码等入口之后，商用WiFi被视为又一大移动互联网流量入口，不论是互联网巨头，还是普通运营商、创业者，都纷纷把目光瞄准了这个新的移动社交入口。

其实，小程序也可以通过WiFi推荐设置入口。WiFi推荐一键连接小程序，即小程序运营者在提供的免费WiFi中，通过打广告等方式实现霸屏推广，让用户点击对应内容便可以直接进入小程序。

对于小程序运营者来说，不但可以利用免费WiFi告知微信小程序平台，吸引附近人群进店消费，还可以通过免费WiFi来推送优惠券、促销信息等引导顾客二次消费。具体来说，小程序运营者可以通过两种方式借助WiFi的力量为用户提供小程序入口，接下来笔者就分别进行解读。

1. 链接直达

为了免费使用更多WiFi，许多人都会在自己的手机中下载诸如WiFi万能钥匙之类的APP。所以，如果运营者能够与这些WiFi万能钥匙APP取得合作，便可以实现WiFi广告营销。

图7-47所示为"WiFi钥匙"APP的默认页面，可以看出该页面的显眼位置发布了一则广告。点击该广告之后，可以进入如图7-48所示的页面，查看广告的链接内容。

图7-47　"WiFi钥匙"APP的默认页面

图7-48　查看广告链接内容

对于小程序运营者来说，可以将链接跳转至小程序的介绍页面，通过名称和二维码的呈现，让用户快速找到小程序。甚至可以将链接直接跳转至小程序页面，让用户点击广告便可进入小程序。

2. 广告霸屏

WiFi 营销的常见模式为用户点击免费 WiFi 之后，等待一小段时间，查看广告便可以连接该 WiFi。而查看广告的时间就变成了小程序运营者营销小程序的时间。

小程序运营者可以通过相关平台，提供免费 WiFi，从而通过广告，在用户连接免费 WiFi 的那一小段等待时间，实现小程序霸屏推广。图 7-49 所示为某 WiFi 霸屏广告平台的相关页面。

图 7-49 某 WiFi 霸屏广告平台的相关页面

WiFi 的出现解决了运营商存在的互联互通、高收费、漫游性等一系列问题，成为控制用户移动上网的最佳入口"点"，而且可以十分方便地通过信息传递进行商业应用，这意味着 WiFi 将从一个成功的技术转化为成功的商业模式。

7.3.3 打通 APP 和小程序

2018 年 1 月底，微信小程序迎来重磅更新，其中有一个新增功能特别引人注目，那就是通过微信聊天页面，可以实现由 APP 到小程序的跳转。这也被视为是微信以低姿态粉碎 APP 取代小程序的一个重大尝试。在此次更新之后，小程序运营者可以借助微信，实现 APP 到小程序的跳转。以"腾讯视频"为例，具体操作如下。

步骤01 进入需要分享的 APP 页面，点击 图标，在弹出的对话框中点击"微信好友"图标，如图 7-50 所示。

步骤02 操作完成后，进入"选择一个聊天"页面，选择分享对象，与此同时，页面中将弹出"发送给:"对话框,在该对话框中将显示分享对象,甚至还可以给分享对象编辑留言信息,执行操作后,需要点击该对话框右下方的"发送"按钮,如图 7-51 所示。

图 7-50 "腾讯视频"APP 的相关页面

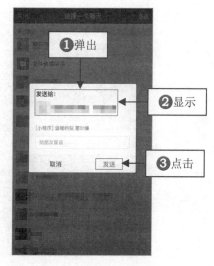

图 7-51 "发送给:"对话框

步骤 03 执行上述操作后,在分享对象的聊天页面,将出现一个小程序链接,如图 7-52 所示。

步骤 04 用户点击该链接,便可进入对应的"腾讯视频"小程序页面,如图 7-53 所示。

图 7-52 微信聊天页面

图 7-53 "腾讯视频"小程序的相关页面

步骤 05 在"腾讯视频"小程序中点击"前往 APP"按钮；在弹出的对话框中点击"允许"按钮，如图 7-54 所示。操作完成后，页面将跳转至"腾讯视频"APP 页面，如图 7-55 所示。这样一来，便实现了 APP 和小程序的互相跳转。

图 7-54 弹出对话框

图 7-55 跳转至 APP 页面

从小程序上线开始，外界便将其看成是 APP 的有力竞争者，甚至有人干脆说小程序将会取代 APP。而"微信之父"张小龙则低调地表示小程序是对 APP 的补充和完善，APP 和小程序并不是敌对关系，APP 和小程序借助微信实现跳转或许就是对此的有力证明。

对于运营者，特别是同时拥有 APP 和小程序的运营者来说，APP 和小程序的跳转是一个重要的营销功能。因为通过这个功能，可以让用户实现 APP 和小程序跳转的同时，形成一个用户流量闭环。

第 8 章

变现转化：掌握技巧年赚千万不是梦

> **学前提示**
>
> 为什么要做小程序？对于这个问题，许多运营者最直接的想法可能就是将小程序作为一个线上变现载体，提高盈利的可能性。
>
> 确实，小程序是一个潜力巨大的市场。但是，它同时也是一个竞争激烈的市场。所以，要想在小程序中变现，年盈利上千万，小程序运营者还得掌握一定的成交转化技巧。

要点展示

- 3 种方式，用商品销量换取收入
- 3 种手段，将优质内容直接变现
- 5 种策略，不用卖东西也能盈利

8.1 3种方式，用商品销量换取收入

对于小程序运营者来说，小程序最直观、有效的盈利方式当属做电商了。运营者利用小程序平台销售产品，只要有销量，就有收入。具体来说，以电商形式让小程序变现主要有 3 种形式：借助大型平台的力量、打造自己独立的电商平台、促进线上线下联动和出售卡片，本节笔者将分别进行解读。

8.1.1 入驻大型平台做销售

虽然运营者可以开发自己的小程序，但是，这样做很难在短期内积累大量用户。因此，许多店铺运营者选择借助京东等大型电商平台的小程序来进行产品销售，借用他人平台的流量谋求发展。

运营者在大型电商平台的小程序中销售产品的好处在于，这些平台不仅用户量大，入驻平台之后，运营者可以同时在 APP 端和小程序端进行店铺经营。而且每个店铺都可以自行进行相关建设，店铺的内容呈现并不比单独做一个小程序差。

图 8-1 所示为"京东购物"小程序中"耐克(NIKE)京东自营专区"的默认页面，从中可以看出，虽然这只是一个店铺，但是其能呈现的内容显然不比大多数单独的小程序少。而且和单独的小程序一样，用户进入"商品详情"页面，也可以直接购买商品，具体如图 8-2 所示。

图 8-1 "耐克(NIKE)京东自营专区"默认页面　　图 8-2 "商品详情"页面

借助平台的庞大用户群,小程序运营者只要做得好,便可以收获大量用户。从图 8-2 可以看到,"耐克(NIKE)京东自营专区"收获了 84 万粉丝。如此海量的粉丝量,其变现能力也就可想而知了。

但是,大型电商平台就像是一个大蛋糕,人人都想去抢一块,所以,入驻的商家会很多。也正是因为如此,店铺的直接曝光率可能并不是很高。以"京东购物"小程序为例,进入该小程序之后,用户可以看到一些导航栏,却无法看到具体的店铺,如图 8-3 所示。

也就是说,在"京东购物"小程序中,平台可能不会主动向用户推荐你的店铺,如果运营者自身宣传不够,或者用户搜索不到你的店铺,那么能够进入店铺的用户可能并不会很多。

因为平台中的店铺数量较多,所以,同样的产品会有许多商家在售卖,要想从中脱颖而出并不是一件易事。图 8-4 所示为搜索"手机摄影大师炼成术"的结果,从中不难看出,这一本书有许多商家在卖。在这种情况下,再好的商品,也会有商家出现滞销的情况。

图 8-3 "京东购物"小程序"首页"页面

图 8-4 搜索结果页面

因此,借助大型平台虽然用户基础好,但是,平台内的竞争性也要大一些。运营者要想让自己的店铺在平台内获得可观的销售量,还得努力提高自身的竞争力。

8.1.2 做自己的小程序商城

在小程序出现以前，运营者更多的是通过 APP 打造电商平台，而小程序可以说是开辟了一个新的销售市场。小程序运营者只需开发一个小程序电商平台，便可在上面售卖自己的产品。

小程序运营者可以自行开发、设计和运营小程序电商平台。所以，这就好比提供了一块场地，小程序运营者只需在上面搭台唱戏即可，唱得好，还是唱得坏，都取决于运营者自身。

小程序对于运营者的一大意义在于，运营者可以通过开发小程序独立运营自己的电商平台，而不必依靠像淘宝、京东这种大型电商平台。这便给了运营者一个做自己的小程序商城、实现新零售模式的机会。

具体来说，无论是有一定名气的品牌，还是名气不大的店铺，都可以在小程序中搭台唱戏，一展拳脚。图 8-5 和图 8-6 所示，分别为"苏宁易购"和某花店小程序的默认页面。

图 8-5 "苏宁易购"小程序的默认页面

图 8-6 某花店小程序的默认页面

从上面两幅图不难看出，无论名气大小，小程序运营者都可以通过打造电商平台，销售产品来变现。当然，要想让用户在小程序中购物，首先得让用户觉得小程序有其他平台没有的优势。

对此，小程序运营者既可以学习"楚楚拼划算"小程序的做法，推出专门的"限时抢购"板块，为用户限量提供特价产品，如图 8-7 所示；也可以效仿"京东购物"小程序的做法，设置"领优惠券"板块，减少用户的实际支付额，如图 8-8 所示。至于具体如何做，运营者只需根据自身情况进行选择即可。

图 8-7 "限时抢购"页面

图 8-8 "领优惠券"页面

小程序运营者，特别是品牌名气不太大的运营者，单独开发一个小程序，很可能会遇到一个问题，那就是进入小程序的用户数量比较少。对此，小程序运营者需要明白一点，用户在购物时也是"认生"的，运营者在运营小程序的初期，用户或许会有所怀疑，不敢轻易下单。但是，金子总会发光，只要小程序运营者坚持下来，在实践过程中，将相关服务一步步完善，为用户提供更好的产品和服务，小程序终究会像滚雪球一样，吸引越来越多用户的，而小程序的变现能力也将变得越来越强。

8.1.3 出售卡片先收取定金

部分小程序运营者，特别是在线下有实体店的运营者，在小程序的变现过程中探索出一种新的模式，那就是以礼品卡为外衣，在线上出售卡片，让用户先交钱再消费，而自己则收取定金，先把钱赚了。

部分在线下有实体店的小程序运营主体，会通过线上买卡线下使用的方式，打通线上线下，"星巴克用星说"小程序便是其中的代表。

步骤 01 用户单击"星巴克用星说"小程序，便可进入如图 8-9 所示的默认页面。在该页面中，可以选择对应的主题，以"咖啡＋祝福"的方式，向他人表达自己的心意。

步骤 02 如果用户选择的是"告白季"主题，便可进入"告白季"页面，在该页面中用户可以选择卡面和礼品(礼品卡就是其中的一种礼品形式，然后点击"购买"按钮，如图 8-10 所示。

图 8-9 "星巴克用星说"小程序的默认页面　　图 8-10 "告白季"页面

步骤 03　执行上述操作后,进入"留下祝福"页面,选择一个赠送对象(可以是微信好友,也可以是微信群),编辑祝福语,然后点击"送给朋友"按钮,如图 8-11 所示。

步骤 04　完成操作后,便可进入"礼品卡"页面,如果显示"已赠送"就说明礼品卡赠送成功了,如图 8-12 所示。

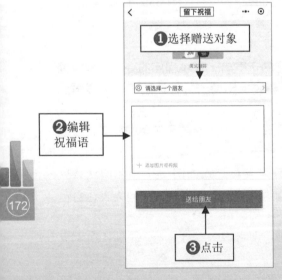

图 8-11 "留下祝福"页面　　图 8-12 "礼品卡"页面

中国是礼仪之邦，我们信奉的是"礼轻情意重"，而"星巴克用星说"小程序中的礼品卡则正好适应了国人的送礼需求。并且礼品卡可以用于线下结算，具有一定的可流通性。因此，部分用户，特别是年轻用户会选择通过赠送礼品卡的方式，向他人表达自己的心意。

8.2 3种手段，将优质内容直接变现

对于小程序运营者，特别是内容类小程序运营者来说，知识付费应该算得上是一种比较可行的变现模式。只要小程序运营者能够为用户提供具有吸引力的干货内容，用户自然愿意掏钱。小程序运营者只要生产出足够优质的内容，就不愁赚不到钱了。

8.2.1 付费内容直接变现

我们经常可以在售卖某些食品的店铺中看到所谓的"免费试吃"，商家让你尝一下产品的味道。如果你觉得好吃，还想再吃，就要花钱买。其实，内容类小程序也可以运用这种变现模式，用干货打造付费内容。

比如，小程序运营者可以将一小部分干货内容呈现出来，让用户免费查看，先勾起用户的兴趣。等用户看得津津有味时，顺势推出付费查看全部内容。这样，用户为了看完感兴趣的内容，就只能选择付费了。

付费看完整内容的变现模式常见于一些原创文章，用户在点击查看某些文章时，可以查看文章开头的一小半部分内容，如果用户要继续阅读，则需要付费。图 8-13 所示为"少数派 Pro"小程序中某篇文章的相关页面，很显然其采用的便是这种变现模式。

而在视频类小程序中，则更多地会将会员制和付费查看全部内容相结合。比如，在"腾讯视频"小程序中，对于某些电视剧，用户可以看前面一些剧集，但是，要查看最近更新的内容，则需要开通会员，具体如图 8-14 所示。

付费看完整内容的魔力就在于，运营者通过免费提供的内容已经吊起了用户的胃口。而对于一些无法按捺住自己的用户来说，只要是自己感兴趣的内容，就一定要看完，或者是看到最新的内容。因此，这种变现模式往往能通过前期预热，取得不错的营销效果。

可以说，付费看完整内容变现模式的优势和劣势都是非常明显的。它的优势在于，能够让用户尝到"味道"之后，对自己喜欢的内容欲罢不能，从而成功地让用户主动为内容付费。

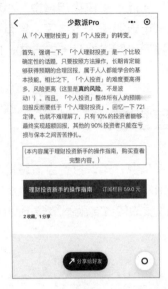 

图 8-13 "少数派 Pro"小程序的相关页面　　图 8-14 "腾讯视频"小程序的相关页面

当然,这种模式的劣势也是非常明显的,主要表现在,用户可以获得一部分内容,这样一来,整个内容的神秘感会有所下降。而且如果免费提供的内容不能勾起用户的兴趣,用户必然不会买账。

所以,小程序运营者在采用付费看完整内容的变现模式时,一定要对提供的内容,特别是免费呈现的内容细心地进行选择和编辑,确保它对用户是有吸引力的。否则,内容的变现率很可能不会太高。

8.2.2 采用会员收费模式

内容付费比较常见的一种形式就是会员付费。所谓会员付费就是指某些内容要开通会员之后才能查看。虽然开通会员需要支付一定的费用,但是,只要小程序运营者能够提供用户感兴趣的内容,许多用户还是乐意掏腰包的。

而对于小程序运营者来说,用户只要开通会员,便赚到了会员费,更何况在开通会员之后,用户还可能在小程序中进行其他消费。因此,不少内容类小程序都会采用会员制,为特定对象提供有偿服务。

会员付费主要可分为两种模式,一种是标明专属内容;另一种是隐藏专属内容。接下来,笔者就分别对这两种会员付费模式进行说明。

1. 标明专属内容

标出会员专属内容,就是明确告诉用户,哪些内容是会员才能查看的,这种会员付费模式非常常见。比如,"爱奇艺视频"小程序便在会员才可观看的视频的右上方标出了"VIP"字样,如图 8-15 所示。其采用的明显就是显示会员专属内容的会员付费模式。

图 8-15　视频右上角标"VIP"字样

2. 隐藏专属内容

如果小程序运营者一开始就指明小程序中哪些内容是会员才能观看的,那么用户为了避免付费,可能会直接放弃查看该内容。

所以有的小程序运营者一开始并不会指明哪些内容是会员专属的,当用户点击查看内容时,才会发现哪些内容只有开通会员才能看,此时只要内容足够有吸引力,会员费又不是很高,那么用户便很有可能直接开通会员。

这一技巧"吴晓波频道会员"小程序就用得很好。当用户进入该小程序之后,可以看到如图 8-16 所示的"吴晓波频道"页面。在该页面中设置了专门的"最新"板块,而该板块中又提供了一些节目。

虽然每个节目上都没有标明只有会员才能查看,但是,当用户点击其中一期节目之后,很可能会在节目详情页面看到,内容是有偿提供的。用户要查看就必须通过开通会员等方式进行购买,如图 8-17 所示。

大多数用户在遇到这种情况时,会根据费用决定要不要购买。而当看到 180 元/年,平均每天就几毛钱之后,再想到自己对这个内容确实感兴趣,可能就直接开通会员了。

用户在购买某件产品时,无论这件产品是实物,还是虚拟的,都会衡量它值不值运营者开的价。所以,如果小程序运营者要想通过会员制实现小程序的变现,就应该为会员多提供一些原创的干货内容。毕竟，只有对内容感兴趣，用户才会心甘情愿地为它付费。

图 8-16　"吴晓波频道"页面

图 8-17　节目详情页面

8.2.3　开设课程有偿教学

如果小程序运营者是向用户讲授一些课程，便有获得对应报酬的权利。因此，通过开课，收取一定的学费，也是小程序特别是内容类小程序的一种常见变现模式。

"知识礼物"（即原来的"得到商城"）是通过授课收费模式进行变现的有代表性的小程序。用户进入该小程序之后，可以进入如图 8-18 所示的"首页"页面。可以看到，该页面为用户提供了一些课程，而且上面都标了价格。

点击其中的某一课程之后，便可进入如图 8-19 所示的相关介绍页面。在该页面，用户不仅可以看到课程的相关介绍，还可以购买课程自己用，或者将课程赠送给他人。

小程序运营者要想通过授课收费的方式进行小程序变现，需要特别把握两点。一是，小程序平台必须是有一定人气的，否则，即便生产了大量内容，可能也难以获得应有的报酬。

图 8-18 "知识礼物"小程序"首页"页面　　图 8-19 某课程的相关介绍页面

二是，课程的价格要尽可能低一点。这主要是因为大多数人愿意为课程支付的费用都是有限的，如果课程的价格过高，很可能会直接吓跑用户。这样一来，购买课程的人数比较少，能够获得的收益也就比较有限了。

8.3 6 种策略，不用卖东西也能盈利

无论是通过电商类小程序平台的打造，销售商品，还是通过优质内容的打造，变内容为收益，其实质都是在卖东西。其实，小程序是非常强大的，只要运用得当，即便我们不卖东西，同样也能盈利。

8.3.1 电商导购吸睛引流

通过直播，主播可以获得一定的流量。如果运营者能够借用这些流量进行产品销售，便可以直接将主播的粉丝变成店铺的潜在消费者。而且相比于传统的图文营销，直播导购可以让用户更直观地了解产品，取得的营销效果往往也要更好一些。

直播用得比较好的小程序平台当属"蘑菇街女装精选"，该小程序直接设置了一个"直播秒杀"板块，如图 8-20 所示为相关页面。平台的商家可以通过直播导购来销售产品，图 8-21 所示为某产品的直播页面。

图8-20 "直播秒杀"板块

图8-21 某产品的直播页面

在用户直播页面购买产品也非常方便,因为在直播页面的左侧列出了相关的产品,用户只需点击对应产品,便可以选择购买产品的颜色、尺码和数量,如图8-22所示。而点击"立即购买"按钮,还可以进入"快捷下单"页面,快速完成购物,如图8-23所示。

图8-22 选择产品颜色和数量页面

图8-23 "快捷下单"页面

在通过电商导购进行小程序变现的过程中,小程序运营者需要特别注意两点。其一，主播一定要能带动气氛，吸引用户驻足。这不仅可以刺激用户购买产品，还能通过庞大的在线观看数量，让更多用户主动进入直播间。

其二，要在直播中为用户提供便利的购买渠道。因为有时候用户购买产品只是一瞬间的想法，如果购买方式太麻烦，用户可能会放弃购买。而且在直播中提供购买渠道，也有利于主播为用户及时答疑，提高产品的成交率。

8.3.2 做得好自然有金主

在流量时代，有流量就等于拥有了一切。随着时间的发展，人们逐渐发现要在互联网中获得发展光有流量是远远不够的。但是不管怎么说，流量不失为一种有效的推动力。

而对于小程序来说，流量也是一大发展利器。一方面，随着流量的增加，小程序的影响力提高，能够获得的成交机会也会相应地提高。另一方面，流量主功能的开放，也让具有一定流量的小程序，拥有了另一种变现渠道，甚至小程序运营者还能凭此获得不错的收益。

"成语猜猜看"可以说是将流量主运用得比较好的一个小程序了。用户进入该小程序之后，便可以看见页面下方的商品推广广告，用户只要点击该广告便可以进入推广信息的相关页面，具体如图 8-24 所示。而随着用户的点击，该小程序也借此获得了比较可观的收益。

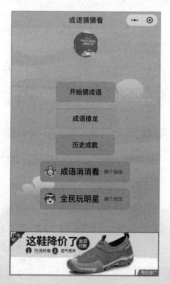

图 8-24　商品推广广告的相关页面

当然，流量主功能目前尚处于内测阶段，大部分小程序可能还享受不到该功能带来的福利。对此，我们不妨来做一个简单的类比。

在微信公众号中早已开放了流量主功能，我们可以从中窥探该功能在小程序中可能取得的效果。图 8-25 所示为某微信公众号流量主的相关页面，可以看到该公众号流量主广告的曝光量和点击量虽然不太高，但也取得了一定的收益。

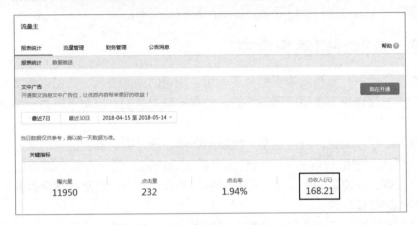

图 8-25 微信公众号"流量主"页面

而小程序凭借流量主功能能够获得的收益又与流量主广告的曝光量和点击量直接相关，随着曝光量和点击量的增加，小程序运营者获得的收益也将相应增加。因此，只要流量足够，流量主功能也不失为一种小程序变现的有效途径。

8.3.3 运营广告两不耽误

流量就是影响力，许多商家为了推广自己的品牌都愿意花钱打广告。而一些小程序流量相对来说又比较庞大，所以，这些小程序完全可以在运营过程中为他人和自己的平台打广告，以此在小程序中将流量变现。

以直播类小程序为例，其广告的方式主要有两种，一是在直播界面插入广告，二是在直播平台推广广告。接下来，我们就对这两种直播广告分别进行解读。

1. 直播中插广告

在直播中插广告包括直接对某些产品进行直播宣传和销售、在直播中插入一段广告以及在直播界面的合适位置插入广告等。其中，比较能让用户接受的一种方式是在直播界面的合适位置插入广告。

我们经常可以在某些直播界面的某些位置(通常是界面的边缘)看到一些广告，图 8-26 所示便是采取的这种广告方式。可以看到，在该直播界面的左侧放置了一个淘宝网址。

图 8-26 某直播的相关界面

相比于其他广告方式,在直播界面的边缘插入广告的优势就在于,主播不用在直播过程中刻意进行过多的宣传,只要直播还在进行,广告便会一直存在。而且因为不显得那么刻意,所以,通常不会让受众厌恶。

2. 直播平台推广

直播平台是主播聚集之地,热门直播平台的流量可以说是非常巨大的。也正因为如此,部分广告主会选择直接在直播平台投入广告。通常来说,直播平台推广的广告会出现在用户观看直播的"必经之路"上。

比如,在直播平台默认界面导航栏上方的活动推广页对广告主的相关信息进行推广;又比如在直播间页面下方插入广告,为广告主提供一个链接。图 8-27 所示为部分直播平台的推广广告。

图 8-27 部分直播平台的推广广告

在直播的过程中，小程序运营者可以适当地通过广告在小程序中变现，但是，一定要有节制，不要让广告影响了受众的心情。

8.3.4 有偿服务积少成多

小程序变现的方法多种多样，运营者既可以直接在平台中售卖产品，也可以通过广告位赚钱，还可以通过向用户提供有偿服务的方式，把服务和变现直接联系起来。向用户提供有偿服务的小程序不是很多，比如，"包你说"小程序便是其中之一。

用户进入"包你说"小程序之后，便可见到如图 8-28 所示的默认页面，在该页面输入赏金和数量之后，页面中便会出现"需支付……服务费"字样。图 8-29 所示为赏金数额为 1 元时的相关页面。

图 8-28　"包你说"默认页面

图 8-29　赏金为 1 元时的相关页面

支付金额之后，便可生成一个如图 8-30 所示的语音口令，用户点击该页面中的"转发到好友或群聊"按钮，便可将红包发送给微信好友或微信群，如图 8-31 所示。

虽然该小程序需要收取一定的服务费用，但是，因为费用相对较低，再加上其具有一定的趣味性。所以，许多微信用户，在发红包时还是会将该小程序作为一种备选工具。尽管该小程序收费低，不过随着使用人数的增加，积少成多，也获得了一定的收入。

图 8-30　语音口令生成页面　　　图 8-31　红包发送页面

在为用户提供有偿服务时，小程序运营者应该本着"薄利多销"的想法，用服务次数取胜。而不能想着一次就要赚一大笔钱，否则，目标用户可能会因为服务收费过高而被吓跑。

8.3.5　融资实现曲线变现

对于小程序运营者来说，个人力量是有限的，小程序平台的发展有时候还得进行融资。融资虽然并不是让小程序平台直接赚钱，但是，却能大幅增强电商平台的实力，从而提高变现能力，实现曲线变现。

在金融市场中，资金通常是往投资者认为最有利可图的地方流动。因为 2017 年以来，小程序的发展势头较为强劲，所以，许多投资方也比较看好这一块蛋糕，纷纷将小资金投入小程序行业。图 8-32 所示为 2018 年小程序电商投融资情况代表案例，从中不难看出小程序对于投资者的吸引力。

小程序运营者可以通过对这些融资案例进行分析和总结，找到适合自己小程序的融资方案，为小程序平台找到强劲的"外援"。

虽然融资可以增强小程序平台的变现能力，但是，小程序运营者还得明白一点，投资方不会想做赔本买卖，小程序平台要想获得投资，还得让投资方看到小程序的价值。

另外，融资毕竟只是增强变现能力的一种催化剂，小程序平台的变现能力终究还是由运营能力决定的。小程序运营者应该重点提升运营能力，而不能一味地坐等他人投资。

2018年小程序电商投融资代表案例				
领域	小程序名称	最近融资时间	融资金额	投资机构
强势典型电商	拼多多	2018.4.11	$30亿	腾讯、红杉
新型电商	靠谱小程序	2018.4.18	¥数千万	青桐资本（财务顾问）
	礼物说	2018.4.19	¥1亿	未透露
第三方服务商	SEE小电铺	2018.3.21	$数千万	红杉资本中国（领投） 晨兴资本等
	LOOK	2018.3.20	$2200万	GGV纪源资本（领投） 峰尚资本（领投）等
	微盟	2018.4.20	¥10.09亿	天堂硅谷（领投） 一村资本（领投）等
	V小客	2018.03.12	¥4000万	IDG资本

图 8-32　2018 年小程序电商投融资代表案例

8.3.6　变 IP 标签为"钱力"

IP 是 Intellectual Property 的简称，我们通常将其翻译为"知识产权"。"知识产权"包括专利权、商标、著作权和版权等。对于许多人来说，IP 更像是一种标签，一些有特点的 IP 往往可以让人印象深刻，从而让运营者借助其影响力获得一定的"钱力"。

比如，漫威漫画公司打造的许多超级英雄便属于标签化的 IP，也正因为如此，当该公司推出汇聚了众多超级英雄的电影——《复仇者联盟》之后，快速在全球各地创造出票房奇迹，其"钱力"不可谓不大。

图 8-33 所示为电影《复仇者联盟 4》的海报，可以看到许多标签化的超级英雄 IP，诸如钢铁侠、美国队长、绿巨人、雷神、黑寡妇、鹰眼、蚁人和蜘蛛侠等。

在小程序中，运营者可以通过两种方式借助标签化的 IP，增强小程序平台的变现能力。

1. 平台的 IP 化

所谓平台的 IP 标签化，就是指打造具有代表性的小程序平台，让用户将平台作为购买某些物品的首选平台。这一方面，做得比较好的有吴晓波的"吴晓波频道会员"小程序和得到平台的"知识礼物"小程序。

图 8-33 《复仇者联盟 4》电影海报

吴晓波借助经济学专家的身份,其"声音"在经济学行业具有一定的权威,所以,其推出的"吴晓波频道会员"小程序的音频节目,受到了许多人的欢迎。图 8-34 所示为其小程序的相关界面。

而得到则是因为其 CEO 罗振宇借助罗辑思维这个 IP 积累了大量人气,所以,即便其在"知识礼物"小程序中提供的只是一些虚拟产品——课程,也能让许多用户乐于掏钱购买。图 8-35 所示为"知识礼物"小程序的相关界面。

图 8-34 "吴晓波频道"小程序相关界面

图 8-35 "知识礼物"小程序相关界面

2. 内容的 IP 标签化

内容的 IP 标签化,简单的理解就是选取具有影响力的内容,打造专栏,将内容的粉丝转化为小程序平台的粉丝。

这一点,内容类小程序平台通常都做得比较好。比如,在"蜻蜓 FM"中,便推出了许多类似于《晓说》的专栏节目,打造了《海上牧云记》等广播剧内容。图 8-36 所示为"蜻蜓 FM"中《晓说》《海上牧云记》的相关界面。

图 8-36　"蜻蜓 FM"中《晓说》《海上牧云记》的相关界面

标签化的 IP,对于小程序平台来说,就相当于一块活字招牌。因为其所具有的代表性,往往更容易受到 IP 粉丝的欢迎,增强核心用户的获得力,而这样一来,小程序平台的变现能力也就得到了提高。

朋友圈运营篇

第 9 章

形象设计：给潜在客户留好第一印象

> **学前提示**
>
> 要想在朋友圈进行营销推广，就先要塑造自己的形象，包括基本信息的设置、使用便捷功能高效营销等，对这些内容进行优化，都将对朋友圈的营销大有助益。
>
> 朋友圈营销的效果，在很大程度上取决于受众对运营方的印象。而通过朋友圈形象的设计，运营者可以给潜在客户留好第一印象。

要点展示

➢ 6 种设置，让客户快速地记住你
➢ 6 种功能，让营销更加高效便捷

9.1　6种设置，让客户快速地记住你

微信火爆来袭，成为营销的主流平台，朋友圈则成为宣传产品的有力渠道，通过熟人圈子来销售产品，有很高的真实性。在利用朋友圈营销之前，运营者首先要掌握微信的一些基本技巧，让用户快速记住你。而要让用户记住，最直接的就是通过对基础内容的设置，让自己的微信更具独特性。

9.1.1　微信号应容易被记忆

微信号就像是我们在微信上的身份证号码一样，具有唯一性和独特性。从营销的角度来看，微信号的设置一定要满足易记、易传播的特点，这样更有利于品牌的宣传和推广。

微信号中的字母不宜过多，不然在向对方报微信号时容易造成困扰与疑惑，并且微信号中最好包含手机号或者 QQ 号之类的数字号码，好记的同时也方便与对方联系。

需要注意的是，微信号的设置必须以英文字母作为开头，是不能以数字作为开头的。微信号的设置方式如图 9-1 所示。

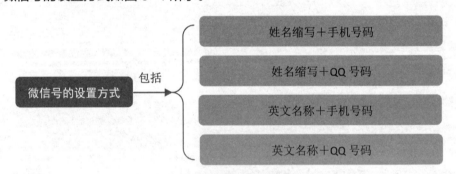

图 9-1　微信号的设置方式

如果你的企业有大量客户，并且同时有多个微信号进行操作与维护，可以采用企业名称缩写加序列号的方式来区别，比如 flwh001、flwh002 等。

图 9-2 所示是国内某些著名电商的微信号名称。它们的头像、昵称和微信号都是相互呼应的。不仅容易记，也容易传播，相当于自带广告属性。

这些微信号都非常直白，几乎都是用品牌本身的拼音或者首字母缩写，后面可能加一些别的东西，比如成立的时间等等。大家可以借鉴一下，将自己的微信号带上公司或产品信息，方便他人记忆的同时又添加了一个新的广告位。

图 9-2　某些著名电商的微信公众号

9.1.2　名字可以是一种理念

在朋友圈里，拥有一个得体又很有特色的名字是非常重要的，对普通人来说，可能名字无关紧要，只要自己高兴便好，但对于微商来说，就要仔细斟酌，因为微商有着自己不同的目标，最好呈现出独特的理念。因此，微商的名字一定要有很高的识别度，总体要考虑两点：易记、易传播。

步骤 01　打开微信，进入"我"页面，点击"微信号"按钮，如图 9-3 所示，进入"个人信息"页面，点击"名字"按钮，如图 9-4 所示。

图 9-3　点击"微信号"按钮　　　图 9-4　点击"名字"按钮

步骤 02　进入"设置名字"页面，输入想好的名字，点击"完成"按钮，如图 9-5

所示。操作完成后,返回"个人信息"页面,如果名字已完成修改,就说明名字设置成功了,如图9-6所示。

图9-5 "更改名字"页面   图9-6 "个人信息"页面

在给微信取名字的时候,要注意几个因素,如图9-7所示。

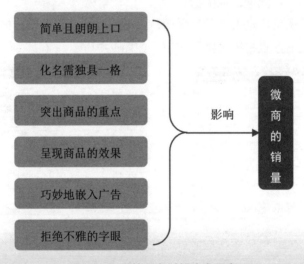

图9-7 微信取名时的注意因素

简单好记的微信昵称有以下两点好处:
- 增加信任度,让用户有一种亲近的感觉。
- 方便用户记忆,营造记住了就不会忘记的效果。

很多微商喜欢使用广告作为名字,认为这样可以更加直接地表达自己的意愿。其实广告昵称是很危险的,要慎用,因为很多人一看到广告就会产生一种排斥情绪。另外,信任不是一下就建立起来的,是需要长期积累的。

其实使用自己的真名对于提高粉丝信任度是很有帮助的,因为自己的银行卡和支付宝账号都是实名制,用户看到的是真实名字,会产生好感。如果不想让自己的名字弄得众人皆知,可以使用自己的小名,也不失为一个好方法。

9.1.3 头像就是第一广告位

现在都讲视觉营销,也讲位置的重要性,而微信朋友圈首先进入大家视野的就是微信的头像,可以说,这小小的头像图片,是微信最引人注目的第一广告位,我们一定要用好。

在笔者的微信朋友圈里,有几千个朋友,笔者对他们的头像进行了一个分析总结,普通人的头像两种图片最多:一是自己的人像照片,二是拍的或选的风景照片。但是侧重营销的人,三类照片用得多:一是自己非常有专业范的照片,二是与明星的合影,三是自己在重要、公众场合的照片。

不同的头像,可以传递给人不同的信息,注重营销的朋友,建议根据自己的定位来进行设置,可以从这几个方面着手,如图9-8所示。

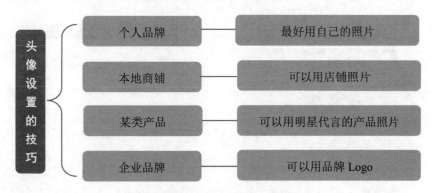

图9-8 朋友圈头像设置的技巧

知道了设置头像的技巧后,该如何运用这些技巧呢?其实,设置头像的方法非常简单,具体如下。

步骤01 打开微信,进入"个人信息"页面,点击"头像"按钮,如图9-9所示。

步骤02 进入"个人头像"页面,点击右上方的●●●图标,在弹出的对话框中选择获取头像的方式,如图9-10所示。

图 9-9 点击"头像"按钮

图 9-10 选择获取头像的方式

步骤 03 进入"所有照片"页面,选择需要的头像,如图 9-11 所示。

步骤 04 对图片进行调整,调整完成后,返回"个人信息"页面,如果头像已完成修改,就说明头像设置成功了,如图 9-12 所示。

图 9-11 "所有照片"页面

图 9-12 设置的头像效果

用户参照以上方法,可以将头像换成有利于营销的各种图像,但切记,一定要让对方感到真实、有安全感,这样对方才会更加信赖自己,毕竟,有了信任,才能进行营销。

9.1.4 个性签名为营销服务

个性签名是向他人展现自己的性格、能力、实力等最直接的方式,所以为了一开始就给客户留下一个好印象,我们应该重点思考如何写好个性签名。取什么样的个性签名,取决于我们的目的,即是想在他人心里留下一个什么印象,或达到一个什么营销目的。

一般来说,不同用户个性签名的设置大概有 3 种风格,接下来,笔者将分别进行解读。

1. 个人风格式

这是个性签名中最常见的风格。选择此种风格的用户会根据自己的习惯、性格特征、喜欢的好词好句等来编写个性签名。一般来说,微信的普通用户都会选择这种风格作为自己的个性签名,如图 9-13 所示。

图 9-13 个人风格式的个性签名

2. 成就展示式

使用这个风格的用户,一般都带有一定的营销性质。但此类用户的身份很少会是直接的销售人员,作为服务人员的可能性更高一些,但他绝对也是销售与宣传环节不可缺少的一员。

如图 9-14 所示的两位,他们并没有直接参与销售,可是他们同样也提供营销与广告宣传,因为他们是整个销售过程的一个环节。通过成就的展示,往往能够让营销更具说服力。

图 9-14 成就展示式的个性签名

3. 产品介绍式

这种方式可以说是销售人员最常用的方式,即采取简单粗暴的方式告诉他人营销方向与内容,如图 9-15 所示。

图 9-15 产品介绍式的个性签名

除了介绍店铺以外,还可以直接介绍所销售商品中的明星产品,一般来说都是知名度比较高的产品。在添加好友的过程中,个性签名十分重要,好的签名能给对方留下深刻的印象。下面为大家介绍设置个性签名的步骤。

步骤 01 进入"个人信息"页面,点击"更多"按钮,如图 9-16 所示,在跳转的页面中,点击"个性签名"按钮,如图 9-17 所示。

图 9-16　单击"更多"按钮　　　　图 9-17　单击"个性签名"按钮

步骤 02 进入"设置个性签名"页面,在编辑栏中输入个性签名,输入完成后,点击"保存"按钮,如图 9-18 所示。如果个性签名已完成修改,就说明个性签名设置成功了,如图 9-19 所示。

图 9-18　"设置个性签名"页面　　　　图 9-19　个性签名设置完成

9.1.5 二维码可以更具美感

二维码的样式多种多样，对微营销人员而言，选择一个具有美感的、能够吸引人们关注的样式，是很有必要的。设置二维码的步骤如下。

步骤01 打开微信，进入"我"页面，点击"微信号"按钮，如图 9-20 所示，进入"个人信息"页面，点击"我的二维码"按钮，如图 9-21 所示。

图 9-20　点击"微信号"按钮　　　　图 9-21　点击"我的二维码"按钮

步骤02 进入"我的二维码"页面，点击 ⋯ 图标，如图 9-22 所示，在弹出的列表框中，选择"换个样式"选项，如图 9-23 所示。

图 9-22　点击 ⋯ 图标　　　　图 9-23　选择"换个样式"选项

步骤 03 执行上述操作后,即可更换二维码样式,可以选择多种二维码形态,使二维码更加生动、有趣,不再呆板。如图 9-24 所示是二维码的更多样式。

图 9-24　二维码的更多样式

在微信朋友圈里,很多微商在宣传自己的产品,或是让朋友帮忙宣传的时候,为了增加可信度,都会在二维码中附上一张照片。对于这种情况,我们在选择二维码时,可以选择一些带有个人照片的二维码样式,如图 9-25 所示。

图 9-25　带有照片的二维码样式

9.1.6 朋友圈封面极具价值

从位置展示的出场顺序来看，头像是微信的第一广告位不假，但如果从效果展示的充分度而言，主题图片的广告位价值更大。大在哪？大在尺寸，可以放大图和更多的文字内容，更全面充分地展示我们的个性、特色、产品等。

微信的主题照片，其实是头像上面的背景封面。如图 9-26 所示为做得比较好的效果案例。

图 9-26　制作精美的主题图片示意图

微信的这张主题图片，尺寸比例为 480×300 像素左右，因此可以通过"图片＋文字"的方式，尽可能地将自己的产品、特色、成就等等，通过完美布局，充分地展示出来。

专 家 提 醒

大家可以自己用制图软件做，也可以去淘宝网搜索"微信朋友圈封面"，已经有专门做广告的人为大家量身定制这个主题广告图片了。

朋友圈封面图片对于整个营销过程无疑是至关重要的。那么，朋友圈封面图片怎么更换呢？具体步骤如下。

步骤 01 登录微信，点击"发现"按钮，进入"发现"页面，点击"朋友圈"按钮，如图 9-27 所示。

步骤 02 进入"朋友圈"页面，点击背景图片，会弹出"更换相册封面"选项，选择"更换相册封面"选项，如图 9-28 所示。

图 9-27 点击"朋友圈"按钮

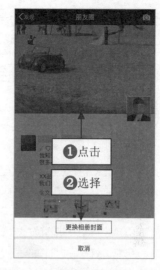

图 9-28 选择"更换相册封面"选项

步骤 03 进入"更换相册封面"页面后,点击"从手机相册选择"按钮,如图 9-29 所示,选择一张合适的图片,封面便设置完毕,效果如图 9-30 所示。

图 9-29 点击"从手机相册选择"按钮

图 9-30 效果图

9.2 6 种功能,让营销更加高效便捷

在当代社会,时间就是金钱。在微信朋友圈营销过程中,掌握一些基础功能,可

以让我们在找到简单省时的营销方法的同时，给顾客留下高效率的印象。本节将介绍6种细节功能的使用方法，帮大家找到更有效率的营销方法。

9.2.1 发送名片进行组合营销

在微信中，当一个用户想给另一个用户推荐第三方用户时，告知微信号或是截图二维码都比较麻烦，于是就有了一个新功能——发送第三方名片给对方，直接单击名片就可以加好友。

如果朋友圈商家们合理地利用这一功能，同样也可以起到大规模添加好友的作用，而且不需要自己亲自动手，就可以拥有庞大的粉丝群体，为朋友圈营销做出巨大的贡献。

运营者可以通过请求亲朋好友推荐、用优惠等方式吸引客户帮忙推广等方式，让客户帮助自己传播微信号。比如，商户可以选择优惠、赠送物品等方式，请求现有的客户将自己的个人名片推送给他们的好友。这样一传十、十传百，累积客户就不再是困难的问题。接下来介绍发送名片的具体步骤。

步骤01 进入聊天界面，点击右下方 ⊕ 图标，打开列表框，点击"个人名片"按钮，如图9-31所示。

步骤02 进入"选择朋友"页面，点击需要传送名片的微信好友标签，在弹出的任务框中点击"发送"按钮，如图9-32所示。

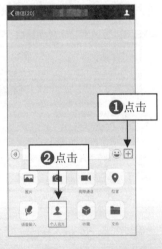
图9-31 点击"个人名片"按钮

图9-32 "选择朋友"页面

步骤03 操作完成后，在聊天界面中将显示一张微信名片，如图9-33所示。而点击该名片则可以直接查看名片持有人的详细资料，如图9-34所示。

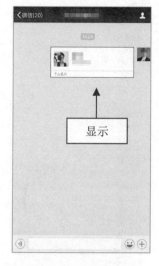
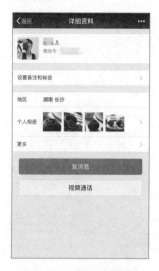

图 9-33　显示名片　　　　　图 9-34　查看详细资料

9.2.2　群发助手实现高效传达

微信群发助手是一款方便、快捷的微信营销软件,这款软件在应用时有着诸多优势,比如说方便、快捷等。

群发消息非常方便,可以节省很多流程和时间,对于商家来说,群发消息是对销售推广很有利的一个功能,其优势如图 9-35 所示。

图 9-35　群发信息的优势

群发信息功能要怎样操作呢?具体使用步骤如下。

步骤 01　打开微信,进入"我"页面,点击"设置"按钮,进入"设置"页面,点击"通用"按钮,如图 9-36 所示。

步骤 02　进入"通用"页面,点击"辅助功能"按钮,如图 9-37 所示。

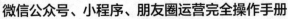

图 9-36　点击"通用"按钮　　图 9-37　点击"辅助功能"按钮

步骤 03　进入"辅助功能"页面,点击"群发助手"按钮,如图 9-38 所示。

步骤 04　进入"详细资料"页面,点击"开始群发"按钮,如图 9-39 所示。

图 9-38　点击"群发助手"按钮　　图 9-39　点击"开始群发"按钮

步骤 05　进入"群发助手"页面,点击"新建群发"按钮,如图 9-40 所示。

步骤 06　进入"选择收信人"页面,选择需要群发的对象,点击"下一步"按钮,如图 9-41 所示。操作完成后,进入"群发"页面,编辑会话并点击"发送"按钮,整个过程就完成了。

图 9-40　点击"新建群发"按钮　　图 9-41　点击"下一步"按钮

群发消息虽然每个人都可以收到，可是如何保障每一个人都乐意读到信息并且进行回应呢？对此，我们需要做好如下 4 点。

（1）保证内容足够简练，主题明确。所发消息不要大规模煽情，能够让人抓住重点。而且所发的内容最好不是纯广告，一定要引人注目，这样微信好友才能愿意去读、去交流。

（2）保证配图的清晰和美观程度。如果所发的信息内容有配图，那么一定要保证图片的清晰和美观。而且对方在接收图片的时候，很有可能发生图片被压缩的情况，所以必须保证所配照片的重点在中间部分而不是边角边框上。不然会让对方不知所云，不能准确地理解信息的意思。

（3）做一个"标题党"。一个好的标题是成功的一半。如果标题不够新颖，有些人可能根本都没有往下读的兴趣。或者是用标题营造一种紧迫感，让人觉得"读了大概能讨到好处、不读肯定会亏"这样的感觉。

（4）选择合适的发送时间。发送消息的时间段应该集中在一日三餐和晚上 8 点过后 10 点之前。不能太晚，不然容易打扰别人的睡眠。

9.2.3　星标好友置顶重要客户

商户在做生意的时候，一定会意识到客户潜在购买力有高有低。虽然从理论上来说应该一视同仁、不能放弃每一笔生意，可是根据现实情况还是必须重点照顾一些大客户，给他们 VIP 级别的待遇。

为了方便找到那些应该重点对待的大客户，可以通过"星标好友"功能，将他们置顶。这样只要一打开微信"通讯录"，就能轻而易举地找到他们。下面为大家介绍设置"星标好友"的具体方法。

步骤 01 打开微信,进入"通讯录"页面,选择一位需要加入"星标好友"中的微信用户,并点击对方的"微信号"按钮,如图9-42所示。

步骤 02 进入"详细资料"页面,点击右上方的 ••• 图标,如图9-43所示。

图9-42 点击对方"微信号"按钮　　图9-43 点击右上方的 ••• 图标

步骤 03 进入"资料设置"页面,向右滑动"设为星标朋友"右侧的 ◯ 按钮,如图9-44所示。

步骤 04 设置完毕,"星标朋友"栏的效果如图9-45所示。

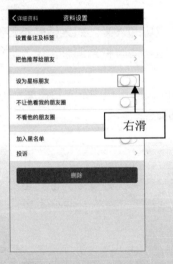 

图9-44 右滑 ◯ 按钮　　图9-45 "星标朋友"栏的效果

9.2.4 聊天置顶方便随时跟进

一般来说，比较重要的客户，我们可以将他们放入"星标好友"栏中。可是设为"星标好友"的客户，在寻找时还需要打开"通讯录"页面。而且对于商户来说，可能还有一些好友比"星标好友"更加重要，比如最近正在洽谈大笔生意的特殊客户。为了方便随时联系，商家可以将这些用户在微信页面置顶，这样一打开微信就能轻易地找到他们。

聊天置顶功能只有设置之后才会被启用，具体操作可参照如下步骤：

步骤01 登录微信，打开与某个重要客户的聊天窗口，点击右上角的 图标，如图9-46所示。

步骤02 进入"聊天详情"页面，点击"置顶聊天"右侧的 按钮，如图9-47所示。

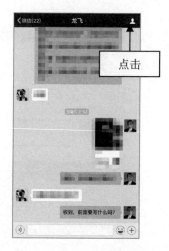
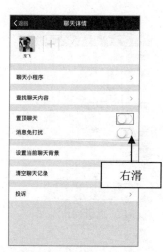

图9-46 单击右上角 图标　　　图9-47 右滑 按钮

步骤03 设置完毕，运营者与对方的聊天内容将自动置顶，具体效果如图9-48所示。

图9-48 "置顶聊天"效果

9.2.5 标签分组分类管理客户

在朋友圈的运营过程中，会遇见很多不同的客户，如需求不同、性格不同、消费水平不同等。每一种客户都有适合他们的销售模式或者商品。所以为了方便推荐产品，商户们应该将这些好友分门别类，为自己的生意提供便利。

微信分组管理主要包括昵称备注分组管理、标签备注、详细信息备注管理、星标管理、朋友圈可见范围分组管理和指定分组管理。下面介绍针对内容给对方添加"标签"的方式来分组。

步骤 01 登录微信，进入"通讯录"页面，点击需要添加标签的好友，如图 9-49 所示。

步骤 02 操作完成后，进入"详细资料"页面，点击"设置备注和标签"按钮，如图 9-50 所示。

图 9-49 点击需要添加标签的好友　　图 9-50 点击"设置备注和标签"按钮

步骤 03 进入"设置备注及标签"页面，点击"标签"下方的"通过标签给联系人进行分类"按钮，如图 9-51 所示。

步骤 04 进入"设置标签"页面，运营者只需输入标签，便可完成标签的设置，如图 9-52 所示。

为什么要给客户设置标签？因为这样做大致有两个好处。

第一，可以方便我们整理客户信息。根据购买力、兴趣爱好、购买内容等分类后，商户便可以对症下药，提高推销效率。

第二，在朋友圈营销中，也可以针对某些内容屏蔽一些人。比如，有些新客户还处于发展友好关系的阶段，不太愿意看到太多广告，便可以屏蔽他们以免让人厌烦。

又比如，有些民族或宗教多少对某些特定的东西有忌讳，屏蔽他们可以避免一些不必要的冲突。

图 9-51 "设置备注及标签"页面

图 9-52 输入标签

9.2.6 提醒谁看确保信息传达

在朋友圈营销时，我们有时需要对一些客户强调某种产品，而"提醒谁看"这种功能确实能为提高商品销量做出一些贡献。

为什么要选择"提醒谁看"这种方式呢？举一个例子，好比你是老师，在教室上课，问了底下学生一个问题。由于你并没有针对某个人，所以可能会造成无人回应的尴尬局面。大家互相推托，都觉得对方会去回答这个问题。而如果一开始在问问题的时候就选择了某个人，那么他一定会勤加思考，势必能答出这道题目来。

朋友圈营销也是同样的道理。谁也不喜欢看广告，知道这些东西和他们没有关系，多一事不如少一事。毕竟现代社会，时间就是金钱，不会有人愿意花时间去看无关紧要的消息。

可如果商户在发广告时就提醒了某些人来看，那么这些人就如同那些被老师指名道姓回答问题的学生，责任被推到了自己头上，不想看也得看。这种方式是一种非常温柔的强迫，可以提高朋友圈广告的阅读量还不会引起对方反感，一举两得。

在发朋友圈信息的页面里，这种功能在正下方，即"提醒谁看"按钮，点击进去就可以选择对象了，如图 9-53 所示。

图 9-53 "提醒谁看"按钮所在页面

使用"提醒谁看"功能之后,运营者发布朋友圈信息后,将出现被提醒者的名字,如图 9-54 所示。

图 9-54 使用"提醒谁看"功能发布的朋友圈信息

那么此种功能有什么好处呢?因为"提醒谁看"功能主要可以起到 3 个方面的作用:一是让被提醒者感觉到自己被重视;二是增加信息的传达率,激发客户的购物欲望;三是将信息传达给相对需要的人,增强营销的针对性。

其实客户也知道,作为商家,通讯录内好友的数量是十分可观的,可是在这种情况下,商家还能清楚地记住某个客户的小细节,细心地等待这个细节出现后提醒他。这时,对方对你的好感便会迅速提高,也能为未来购买商品打下良好的基础。

第 10 章

图文创作：内容有料轻松刷爆朋友圈

学前提示

朋友圈营销的效果在很大程度上取决于内容的呈现，如果运营者呈现的内容对潜在客户是有用的，自然就能轻松刷爆朋友圈，获得大量订单。

朋友圈的内容包括文字和图片两部分，本章将重点解读朋友圈文字和图片的创作技巧，帮助大家打造更加有料的朋友圈内容。

要点展示

- 6种文字创作技巧，提高客户阅读兴趣
- 6种图片美化技巧，增添视觉的诱惑力

10.1 6种文字创作技巧，提高客户阅读兴趣

文字的力量是非常强大的，在朋友圈进行营销推广，软文营销是必不可少的。本章将重点介绍 6 种软文创作的技巧，帮助大家学习实用的写作方法，提高客户的阅读兴趣。

10.1.1 将重要内容放置在前方

在微信营销的文章中，一个让人感兴趣的开头可以说是非常重要的。其实写营销类的文章有点类似记者写新闻，应该采取"开门见山"的方法将重点内容归纳在主旨句——也就是第一句里。一来防止有些读者在读到重点内容之前失去耐心。至少"重点前置"可以保证他们顺利了解整篇文章的中心思想，无论有没有将文章读完。二来列举出全文的重点也可以引起读者的兴趣。

其实不仅仅是整篇文章，每一段最好都能采取这种办法，将段落重点提炼出来放在第一句里，方便理解和阅读。平时在写作时，应该有意识地先用一句话总结接下来要写的段落，再根据这句话进行延伸，完善文章。

不是说每一次写文案都需要刻意提炼主旨句，只是练习做多了之后，就会慢慢养成这种习惯，培养一个比较顺畅的逻辑思维能力。其实写文案并不是进行文学创作，不需要死抠句子和词汇。只要能够做到简洁、流畅、一目了然就很好了。

10.1.2 图文并茂增强布局美感

在朋友圈里，经常可以看到好友转发一些企业公众平台的信息推送，其实这种公众平台就是一种营销工具，可以为微商提高点击量和曝光率，而且可以放很长的文章，消息字数可以达到 600 字甚至更多。

微信公众平台可以以图文并茂的形式发送信息，布局更美观，所以软文营销在微信公众平台可以大展身手。在微商领域，软文具有非常重要的营销助力作用，对内有利于团队文化的建设和产品、服务的定位；对外可以起到宣传推广、产品招商、流量引入、建立信任和打造品牌等作用。

基于软文营销的重要作用，有必要创造出图文并茂的软文，因为大家都不想在休息娱乐时看广告文案。当然，也不能全是图片没有文字，因为营销所需要的信息必须放上去才能成为一个完整的广告。

在朋友圈做销售第一件一定要会做的事，就是熟练使用朋友圈的各种用法，特别是朋友圈的编辑方法。确实，比起 QQ 空间或者腾讯、新浪微博，朋友圈的发布方法

比较麻烦，可能有一些对电子商品不太敏感的人都不知道怎么发朋友圈。其实，微信朋友圈的发布模式主要有3种，具体如图10-1所示。

图10-1　微信朋友圈的发布模式

下面为大家详细介绍"文字＋图片"模式和"纯文字"模式。如图10-2所示，分别是"纯文字"和"文字+图片"模式的朋友圈。

图10-2　"纯文字"和"文字＋图片"模式的朋友圈

从图10-2中不难看出，"文字＋图片"模式不仅更加美观，还能更好地吸引受众的目光。所以，运营者在朋友圈发布广告的时候，应该适当地放上一些图片，这样会显得更加新颖、更加让人感兴趣。

10.1.3　巧妙描绘增强商品吸引力

在网上购物的用户大多会利用自己的第一印象来确定消费目标，购买欲望的产生往往是在看到宝贝的第一眼。因此，好的商品描述能够以简单的文字和图片，道出宝贝的特色，吸引大众产生购买欲望。

撰写宝贝描述其实是很简单的，只要学会如下 3 点，商品描述问题就将得以解决。

1. 描述基本属性

企业店铺在添加商品时，可以设置商品的型号、价格、库存，以及商品的品牌、包装、重量、规格、产地等基本属性。一般企业对这些属性的描述越详细，买家就越容易购买，如图 10-3 所示。

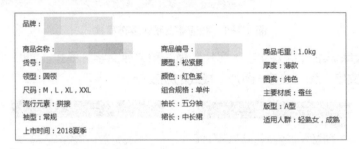

图 10-3 产品的基本属性

2. 文字图像结合

在宝贝描述中，感官词和优化词是增加搜索量和点击量的重要组成部分，但也不是非要出现的。并且对于网店来说，大量的文字说明，让买家看得很累，不愿意阅读，浏览者更想看到的是图片和文字相结合，这种方式能让人在浏览时很轻松，同时也能更形象地将产品展示出来。

因此宝贝描述最好采用"文字＋图像"的形式，这样看起来更加直观，能够第一时间抓住消费者的心，如图 10-4 所示。

图 10-4 图文结合的宝贝描述

3. 主动进行推荐

消费者都有货比三家的心理，因此店主在描述一件商品时，还可以推荐其他的商品，比如正在进行折扣优惠活动的商品、近期热销的商品，这样可以有效扩大交易面。

此外，店主可以对自己的商品进行主动推荐，或者标明哪些产品是值得推荐和购买的。在描述中添加"买一送三、限量赠送"等字样，不但能提升销售量，还能增加产品宣传力度，如图 10-5 所示。

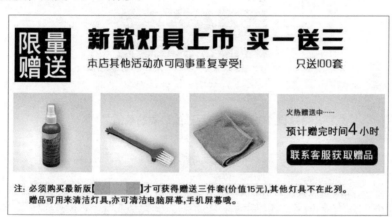

图 10-5　商品买一送三

10.1.4　营造热卖景象刺激消费

热销氛围可以让消费者产生从众心理，形成羊群效应。羊是群居动物，它们平时习惯随大流，并且是盲目地跟随大流。只要羊群中有任何一只羊开始往前冲，则所有的羊都会和它一起往同一个方向冲，浑然不顾它们所朝向的方向有没有危险或是有没有食物。当"羊群效应"用于心理学中来描述人类本能反应时，其实也就是我们平时所说的"从众心理"。

人们常常随大流而动，哪怕跟自己的意见可能全然相反也会选择否定自己的意见跟随大众的方向，甚至是放弃主观思考的能力。

比如，我们出去吃饭的时候，如果要临时寻找饭店，一般人肯定会选择一家店里人比较多的餐馆，"生意惨淡"在人们眼中就是"菜不好吃"，"有人排队"则意味着"菜色可口"。这样判断的结果可能不完全正确，可是跟随众人，正确率通常可以大大提高。所以说，羊群效应并不是完全没有道理，大众的经验大部分时候还是可以作为参考的。

微商如果有实体店，就可以在实体店拍摄产品热销的情景照片，然后在朋友圈中发布这些热销的照片，让产品产生热卖的氛围，引起消费者的兴趣，充分利用消费者的从众跟风心理，如图 10-6 所示。

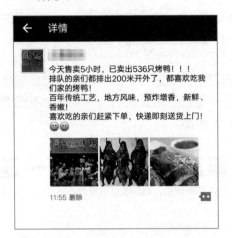

图 10-6　让产品产生热卖的氛围

专家提醒

在写营销软文的时候，可以尽量加入一些新鲜"热点"，这样不仅符合人们的猎奇心理，还有利于经营销售。但是要注意的是，"热点"具有一定的时效性，它就像一次性的物品，用过一次就够了。

10.1.5　适度晒单提高热销真实性

运营者在微信朋友圈进行营销的过程中，除了需要发送产品的图片和基本信息以外，为了让顾客信任，也可以晒一些成功的交易单或者快递单，但是以下两个问题在晒单过程中必须要引起我们的注意。

（1）晒单必须要适度。因为人们对无谓的刷屏是十分抗拒的，毕竟微信朋友圈是私人社交场所。但晒单也是非常有必要的，微信好友看到成交量也会对产品本身产生好奇心。

（2）在单据上显示的信息必须是真实的。这意味着我们必须将所有真实信息展示给微信好友，以诚信为本。在朋友圈发走单信息，上面会显示单号和姓名，看上去是比较真实的。在朋友圈发走单广告，图文并茂，并且带有聊天记录和转账记录，如图 10-7 所示。

从营销角度来说，适度地晒一些交易单之类的东西，是可以刺激消费的。那么晒交易单究竟有些什么好处呢？这主要包括两个方面，一是能让买家放心购买产品；二是吸引其他客户的好奇心。

图 10-7　走单广告

一般来说，晒单的主要内容大都是快递信息，其中包含对方的地址、手机，也包括快递信息，比如单号等。晒单可以让买家了解包裹的动向，也能体现出卖家对商品的用心，为以后的合作打下良好的基础。

在一张照片中，商家可以放上几个快递单并且将它们叠加起来再拍照，这个时候卖家应该尽量将照片凑成九张，并且强调，这是一天或是两天里的走货量。这样就会让其他客户觉得，这家店的商品是真的特别受欢迎，自己也想试用一下，从而在某种程度上推动销量。

10.1.6　借助明星效应让粉丝买单

现在的中国，粉丝文化已经发展得十分完整了。聪明的企业高层会选择邀请一些知名艺人代言公司产品，这种做法能够帮助他们获取丰厚的利润。一般来说，投资与收获是成正比的。企业越肯出钱请当红的艺人，能够获得的回报就越高。

图 10-8 所示为某微商的一条朋友圈内容，可以看到在该朋友圈中便是将马伊琍作为品牌代言人重点来宣传的。而当马伊琍的粉丝看到这条朋友圈时，很可能就会爱屋及乌，入手该品牌的产品。这样一来，该微商自然而然地便借助明星效应，获得了销量的提升。

图10-8 借助明星效应提升销量

除了普通群众以外,明星的粉丝绝对会买企业的账。他们不仅自己买,还会拉动身边的人一起购买这个品牌的商品。一传十、十传百,慢慢地,购买此商品的群众就会越来越多。

当然,明星的光环也能够影响到品牌。顶着"某某品牌"代言人的头衔能够帮助品牌提高知名度。所以,商家决不能放过明星效应,这种效应可以带动人群,特别是容易引起粉丝们的强烈关注。

10.2 6种图片美化技巧,增强视觉的诱惑力

朋友圈的营销推广离不开精美的图片,对图片进行美化是每个运营者必学的技能。本章将介绍使用美图软件进行图片美化的方法。

10.2.1 调整亮度清晰呈现内容

在拍摄照片时,如果亮度过高会对画面有诸多影响,然而,曝光不足也是不适宜的,它是很多照片存在的问题,这类照片往往细节不够丰富、颜色暗淡,使用"美图秀秀"可以有效地调整照片的亮度,让照片更清晰。下面介绍使用"美图秀秀"网页版调整照片亮度与清晰度的操作方法。

步骤 01 打开"美图秀秀"网页版,单击"美化图片"按钮,如图10-9所示。

图 10-9 单击"美化图片"按钮

步骤 02 在弹出的对话框中,单击"打开一张图片"按钮,如图 10-10 所示,选择需要处理的照片。

图 10-10 单击"打开一张图片"按钮

步骤 03 切换至"美化图片"面板,在"基础编辑"选项卡下方单击"基础调整"按钮,在弹出的下拉列表中,按住鼠标左键拖曳"亮度"滑块至合适的位置,然后单击"确定"按钮,再单击"保存与分享"步骤面板,如图 10-11 所示。

步骤 04 根据页面提示保存照片,并查看照片调整亮度前后的对比效果,如图 10-12 所示。

图 10-11 拖曳"亮度"滑块

图 10-12 查看照片调整亮度前后的对比效果

10.2.2 善用虚化突出主体部分

在拍摄时,有时为了突出人物或某一主题而需要进行虚化背景操作,这时可以通过"美图秀秀"来实现由近及远逐渐虚化的"大光圈"效果。下面介绍使用"美图秀秀"将照片的背景制作成虚化效果的具体操作方法。

步骤 01 进入"美图秀秀"编辑窗口,打开照片,效果如图 10-13 所示。

步骤 02 切换至"美化图片"面板,单击"局部处理"选项卡,然后单击"背景虚化"按钮,使用圆圈画出主体部分,最后单击"确定"按钮,如图 10-14 所示,虚化后的照片主体效果会更加的突出。

图 10-13 照片效果

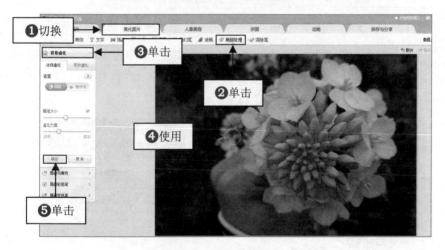

图 10-14 单击"背景虚化"按钮

10.2.3 使用滤镜营造独特意境

在平时的销售过程中,我们可以通过手机镜头随手拍摄身边的产品或是和产品相关的信息,不用担心画面过于简单,完成拍摄后加上滤镜特效就可让照片更有意境和魅力。

下面介绍为照片添加滤镜特效的操作方法。

步骤 01 在"美图秀秀"APP 中打开一张照片,点击底部的"滤镜"按钮,如图 10-15 所示。执行操作后,进入滤镜处理界面,默认选择"清新美颜"滤镜模式,如图 10-16 所示。

图 10-15 点击"滤镜"按钮

图 10-16 滤镜处理界面

步骤 02 在界面底部点击不同的滤镜特效的缩略图,即可将该特效应用到照片上,如图 10-17 所示。此外,应用相应特效后,再次点击该特效缩略图还可以微调"美颜程度"和"特效程度",如图 10-18 所示。

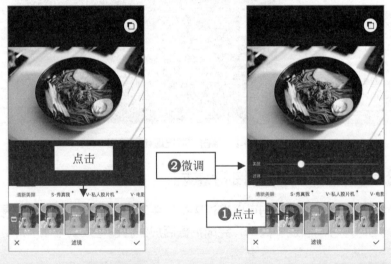

图 10-17 单击特效缩略图　　　　　图 10-18 对效果进行微调

步骤 03 保存修改后,照片的最终效果如图 10-19 所示。

图 10-19 照片的最终效果

> **专 家 提 醒**
>
> 在图像预览区中,按住右上角的"对比"按钮,还可以预览原图,快速对比调整效果,如果效果太过的话可以适当降低美颜程度。

10.2.4 智能美化增加照片美感

在产品销售的过程中,给用户展示形象最为精美的一面是帮助销售的一个关键步骤。所以在将产品照片放进朋友圈里进行营销之前,应该用修图软件进行基本的裁修,使之看起来更加精致,更具美感。

"美图秀秀"APP 具有非常强大的智能美化功能,可以帮助用户快速调整各种类型的照片,以实现不同的效果。

精通修图的用户可以选择自助修图的方式,选择喜欢的滤镜与模式。而不熟悉修图过程的用户则可以使用"自动美化"功能,一键搞定。下面介绍使用"美图秀秀"APP"自动"模式美化照片的操作方法。

在"美图秀秀"APP 中打开一张照片,点击左下角的"智能优化"按钮,如图 10-20 所示;执行操作后,进入"智能优化"界面,默认即使用"自动"模式调整照片参数,效果如图 10-21 所示。

除了"自动"模式以外,"美图秀秀"还有多种不同的美化方式,一般用于产品最多的模式就是"静物"模式。下面介绍使用"美图秀秀"APP"静物"模式美化照片的操作方法。

在"美图秀秀"APP 中打开一张照片,点击左下角的"智能优化"按钮,如图 10-22 所示;执行操作后,进入"智能优化"界面,点击"静物"按钮即可使用该模式调整照片参数，效果如图 10-23 所示。

图 10-20 点击"智能优化"按钮

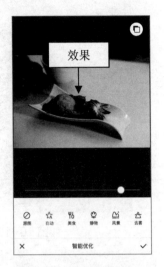

图 10-21 "自动"模式效果

图 10-22 点击"智能优化"按钮

图 10-23 "静物"模式效果

10.2.5 借助拼图展现商品价值

所谓"拼图"，是指通过添加图片、画布设置和画布素材，将不同的图片进行拼合、排列，组合成一张图片的过程。

在"美图秀秀"APP 中，"拼图"功能为用户提供了多种照片拼图模板，用户可以将商品的多张照片添加到模板中，然后将编辑好的图片保存或分享，具体操作方法如下。

步骤 01 在"美图秀秀"APP 主界面中,点击"拼图"按钮,如图 10-24 所示。在手机相册中选择要拼图的多张照片,这里选择 4 张照片,选择的照片会依次显示在下方的列表框中,然后点击"开始拼图"按钮,如图 10-25 所示,即可使用模板进行自动拼图。

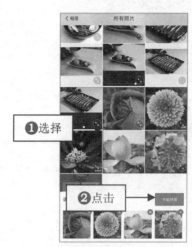

图 10-24 点击"拼图"按钮　　图 10-25 点击"开始拼图"按钮

步骤 02 进入"模板"页面,在底部会出现相应的模板缩览图菜单,如图 10-26 所示。点击相应的缩览图,即可应用该模板,效果如图 10-27 所示。

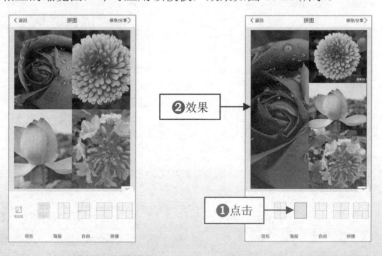

图 10-26 出现模板缩览图菜单　　图 10-27 应用相应的模板

步骤 03 点击预览区中的相应照片,还可以执行美化图片、更换照片、旋转照片与镜像处理等操作；选择合适的模板后，点击下方的滤镜模式，然后点击右上角的"保存/分享"按钮，如图10-28所示。保存修改后，最终照片效果如图10-29所示。

图10-28 点击"保存/分享"按钮

图10-29 最终照片效果

在"拼图"功能中，除了"模板"之外，还可以应用"海报""自由""拼接"三个模式，用户可以根据自己的喜好使用不同的模式进行拼图，图10-30所示为"海报"和"自由"模式的效果展示。

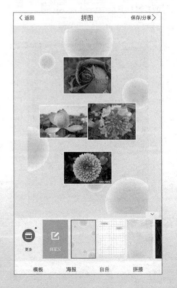

图10-30 "海报"和"自由"模式效果展示

10.2.6 边框水印打造精致图片

本节主要介绍如何用"美图秀秀"制作边框和水印效果,打造精致图片。

1. 边框效果

在利用"美图秀秀"对商品图片进行处理的过程中,添加边框也是点缀图片的方法之一。"美图秀秀"中提供了海报、简单和炫彩 3 种边框,而且边框可以快速添加,操作非常简单。

本节主要介绍简单边框的添加,具体步骤如下。

步骤 01 在"美图秀秀"APP 主界面点击"美化图片"按钮,如图 10-31 所示。

步骤 02 打开一张人像照片,进入"美化图片"界面,滑动下方的图标列表至合适位置,点击"边框"按钮,如图 10-32 所示。

图 10-31 点击"美化图片"按钮　　图 10-32 点击"边框"按钮

步骤 03 进入"边框"界面,点击"简单边框"按钮,弹出不同的边框模板,在模板列表中,选择相应的边框模板,即可应用该边框,然后点击右下角的对勾按钮,如图 10-33 所示。

步骤 04 保存修改后,照片的最终效果如图 10-34 所示。

> **专 家 提 醒**
>
> 用户如果不满意现有的边框模板,还可以点击"更多素材"按钮进入素材库,选择心仪的边框模板进行下载并应用。

图 10-33 应用边框模板　　　　图 10-34 应用边框效果

2. 水印效果

添加水印不仅可以防止图片被盗用，保护商品图片信息。还可以通过新建画布功能，制作更好看的图片。利用"美图秀秀"制作图片水印的具体步骤如下。

步骤 01 在"美图秀秀"APP 主界面，点击"美化图片"按钮，如图 10-35 所示；打开一张照片，进入"美化图片"界面，滑动下方的图标列表至合适位置，然后点击"文字"按钮，如图 10-36 所示。

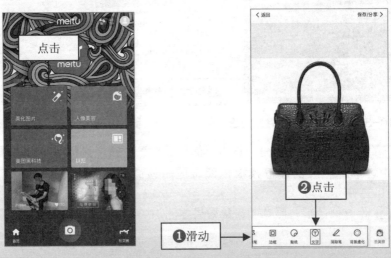

图 10-35 点击"美化图片"按钮　　　　图 10-36 点击"文字"按钮

步骤 02 进入相应界面，点击"水印"按钮，弹出不同的水印模板，在模板列表中，选择相应的水印模板，即可应用该水印。长按添加的水印，移动并调整至合适的位置，点击调整后的水印，如图 10-37 所示，在文本框中输入"精致美包小店"，点击"字体"按钮，选择相应的字体，最后点击"完成"按钮，如图 10-38 所示。

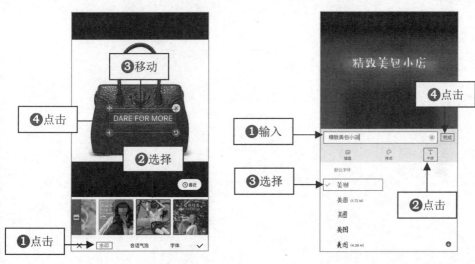

图 10-37　添加水印　　　　　图 10-38　点击"完成"按钮

步骤 03　点击右下角的对勾按钮，保存修改后，即可查看照片的最终效果，如图 10-39 所示。

图 10-39　保存照片并查看效果

第 11 章

营销策略：把陌生人都变成你的客户

> **学前提示**
>
> 作为微信的天然营销平台之一，朋友圈的价值是毋庸置疑的。当然，要想让朋友圈营销获得应有的效果还得讲究一定的策略。
>
> 本章就从吸粉营销、广告营销和价值营销者 3 个方面切入，帮大家寻找更适合的营销策略，探寻将陌生人变成客户的新思路。

要点展示

- 5 种吸粉营销，聚集人气打好基础
- 3 种广告营销，进行多样化的呈现
- 5 种价值营销，互惠互利提高成交

11.1　5种吸粉营销，聚集人气打好基础

所有的营销，都必须要有人气，否则都是空谈，而善于营销者，会脚踏实地，从整合身边已有资源开始，充分挖掘、运用好已有的人。比如说，手机通讯录就是我们的第一大现有人气资源，要充分转化好。本节将介绍多种方法吸粉引流，帮助大家快速聚集人气。

11.1.1　通过手机号码聚集客源

在这个以手机为主要通信工具的时代，手机通讯录就是人的社会关系的一个缩影，里面有亲人、好友、同学、领导、同事、客户等。

俗话说：创业需要第一桶金，而在如今人气就是财气的网络时代，我们需要第一桶"人气"，而最好的人气资源就是我们的手机通讯录。

如果手机通讯录中有许多号码，可以通过微信服务插件，将号码全部添加至微信列表中，使其成为微信朋友圈中的一员。

步骤01　打开微信，点击右上角的"加号"按钮，在弹出的列表中选择"添加朋友"选项，如图11-1所示。

步骤02　进入"添加朋友"页面，选择"手机联系人"选项，如图11-2所示。

图11-1　选择"添加朋友"选项

图11-2　选择"手机联系人"选项

步骤 03 进入"通讯录朋友"页面，此时系统将自动获取手机通讯录中的朋友，未添加微信好友的右侧，会出现"添加"字样，点击"添加"按钮，如图 11-3 所示。

步骤 04 进入"朋友验证"页面，输入验证信息和备注信息，点击右上角的"发送"按钮，如图 11-4 所示。信息发送成功后，待对方确认后即可添加成功。

图 11-3　点击"添加"按钮　　　　图 11-4　输入验证信息

11.1.2　通过扫码快速添加微信

无论是从线下到线上的引流，还是从线上到线下的引流，都可以通过微信功能的二维码扫描来实现。

在微信的朋友圈服务插件中，用户可以通过微信的二维码扫描来添加好友，扩充微信好友数量。下面就为大家介绍如何在微信页面中找到个人二维码，方便他人扫描。

步骤 01 登录微信，进入"我的二维码"页面，具体操作参见 9.1.5 小节内容。操作完成后，个人二维码就出现在页面中了，如图 11-5 所示。

步骤 02 让对方直接扫描二维码，便可以和对方互加好友。当然，为了方便客户随时随地扫描二维码，商家可以将二维码保存在手机相册中，只需要点击右上方的 图标，在弹出的列表框中选择"保存图片"选项就可以了，如图 11-6 所示。

或者运营者可以干脆把二维码设置成手机屏保或是桌面，这样一打开手机就能够快速与对方互加好友了。

图 11-5 微信二维码　　　　图 11-6 选择"保存图片"选项

11.1.3 借助附近的人扩大客源

在微信页面,有一个十分新颖的功能,叫做"附近的人"。它可以定位用户当前的位置,并且自动搜索周围同样也开启了该功能的微信用户,继而可以发送添加好友的邀请。

当然,当我们的位置发生变化时,"附近的人"列表同样也会发生变化。从营销角度来说,这是一个非常适合大规模添加用户的功能。

那么如何使用该功能来扩大朋友圈的客源呢?下面就为大家详细介绍使用方法。

步骤 01 登录微信之后,进入"发现"页面,点击"附近的人"按钮,如图 11-7 所示。

步骤 02 在"附近的人"页面,可以看到大量的微信用户,点击其中一位用户的微信号,如图 11-8 所示。

步骤 03 进入"详细资料"页面后,点击"打招呼"按钮,如图 11-9 所示。

步骤 04 进入"打招呼"页面后,输入打招呼的内容,点击"发送"按钮,如图 11-10 所示。在添加好友之后,一定要记得经常和微信好友沟通交流,保持一个相对比较熟悉的关系,给对方留一个好印象。

把"附近的人"列表里的人添加为好友之后,应该要做些什么呢?我们认为,要长期留住从"附近的人"添加的好友,有 3 件事是必须要做的。

图11-7 点击"附近的人"按钮

图11-8 点击"微信号"

图11-9 点击"打招呼"按钮

图11-10 "打招呼"页面

首先,不能加了好友之后立马就开始推销产品,这样只会让对方觉得你诚意不够,加好友只是为了打广告,可能还会在你的广告信息传过去之后立马把你拉黑。凡事都讲究循序渐进,新添加的好友应该要礼貌地打招呼,并且多在朋友圈中进行互动。这样一方面可以避免陷入尴尬的对话局面,一方面又能和对方加深了解。

其次,运营者应该要学会展示自身的魅力,这样新好友才能对你留下深刻的第一印象。当然,这种魅力的展示最好留在朋友圈里,让对方作为绝对客观的第三者来判断。当然魅力是装不出来的,需要在生活中不断积累,多读书、读好书,有相对来说比较高雅的艺术欣赏水平，不要依赖于心灵鸡汤。

最后一点相比前两点来说，就比较直白了，就是在自己的签名栏里加上广告语。这一点的优点就是，不管对方有没有通过你的好友请求，他(她)都潜移默化地记住了你所销售的东西，从而产生一定的广告效应。

11.1.4 摇一摇随机获取空闲用户

"摇一摇"是一个十分有意思的大规模交友功能。当你打开这个功能并且摇晃手机时，手机系统将为你推荐和你同一时段摇动手机的用户。

大家可以通过这一功能增加粉丝、提高销售量。下面就为大家介绍此功能的使用步骤。

步骤01 打开微信，点击"摇一摇"按钮，如图11-11所示。

步骤02 进入"摇一摇"页面，如图11-12所示。

图11-11 点击"摇一摇"按钮

图11-12 "摇一摇"页面

进入页面后晃动手机，系统就会自动给用户推荐同一时间使用"摇一摇"功能的微信用户，这时直接添加就可以了。

那么运营者如何利用这一功能实现增加朋友圈客户数量这一目的呢？通常来说，有两种方法可以供大家借鉴。

第一个方法比较笨，但是几乎零成本。通过自己不断地使用"摇一摇"功能添加用户，和对方主动沟通交流。

第二个方法速度比较快，可是需要大家付出一些成本。运营者可以通过举办活动，增加参加"摇一摇"活动的人数。下面用一个公众号例子详细介绍这种营销方式。

在情人节，国内某个知名的珠宝品牌发起了一个"摇一摇"的活动。该商户要求所有参加活动的全国用户都在同一时间使用"摇一摇"功能。后台会根据参与的用户来选择幸运的观众赠送品牌珠宝和一些其他小礼物。当然，在参与活动之前，用户必须首先关注该品牌的微信公众号。

11.1.5 线下实体店实现客户转化

网上购物兴起之后，实体店的销售额纷纷遭受或大或小的冲击。人们发现实体销售越来越难做了。的确，对比进入实体店购买物品，网上购物更加方便，也更加便宜。所以对于商家来说，如何利用微信将生意做"活"，是一个非常值得讨论和分析的问题。

当然，微信毕竟是比较私人的社交工具，无缘无故要和别人互加好友并不是非常礼貌的行为，同时也很有可能遭到对方的拒绝。那么有什么办法能够吸引客户加微信呢？

方法一，可以设立几个优惠政策：凡是来店购买商品的顾客，加店主微信后就可以享受折扣，如图 11-13 所示。

图 11-13　顾客在店铺前扫描二维码

方法二，可以免费发放一些小成本的物品来吸引对方添加微信。比如，天热的时候发放纯净水或是小扇子等。

总而言之，将生客变熟客、把熟客变老客是营销中大家需要做到的。而利用微信的社交功能来实现这一目的，是一种新鲜且明智的做法。

除了新客户，我们同样不能忽视实体店经营多年积累下来的老客户。这些客户平时在店内购买的东西比较多，也很信赖店主，是商家不能失去的重要客源。

店主在添加这些客户之后，应该认真对待他们的疑问与建议，尽量将与对方之间的生意关系发展到线上，努力争取他们的信任，争取保持长期的合作关系，并进而使对方因为信任而推荐新的客户。

11.2 3种广告营销，进行多样化的呈现

朋友圈广告其实有多种不同的形式，做朋友圈营销的运营者，应该了解与总结相关信息，然后选择合适的广告方式，让朋友圈广告进行多样化的呈现。本节将介绍多种朋友圈广告，为商家选择广告方式提供理论性的帮助。

11.2.1 通过官方推送优质广告

微信用户在刷朋友圈时，经常会看到本该是好友状态的一些栏目变成了广告商位，如图11-14所示。

图11-14 朋友圈中的广告商位

专 家 提 醒

一般来说，不存在本地推广、原生推广页广告单独存在的情况，它们更多的是为了配合小视频广告和图文广告所存在的一种附加形式。

> 而现在来说，小视频广告和图文广告若不配合本地推广广告或者原生推广页广告一起使用，广告的效果都会大打折扣。
>
> 所以在购买朋友圈广告为自己的品牌或产品进行推销时一定要注意所选择的广告形式，力求能够获得最大效益。

这些所镶嵌在朋友圈中避无可避的广告，商业价值是巨大的。每天全国或是部分区域有多少人使用网络，几乎就会有多少人看见这些广告。一般来说，这种广告分为四种类型，具体如下。

1. 本地推广广告

这种广告模式借助了 LBS 技术，通俗地说也就是定位系统。系统可以根据店铺位置，将广告推送给距离定位地点 3~5 公里的人群。

一般来说，这种广告方式最常用于有促销活动的时候，又或者商家本身就是经营餐馆或是甜品的。他们利用价格优惠与地理位置优势，吸引周边用户前来消费。本地推广广告模式如图 11-15 所示。

图 11-15 本地推广广告模式

2. 原生推广页广告

原生推广页广告，简单来说就是在朋友圈打广告的同时附上原网页的链接。客户只需单击朋友圈中的广告便可以进入对应的网页。如图 11-16 所示，就是原生推广页广告。

图 11-16　原生推广页广告

一般来说，原生推广页广告都是和其他几种广告形式结合出现的，因为它针对的只是广告携带的链接，并没有规定广告的形式。

3. 小视频广告

这种广告形式是见得最多的，顾名思义，就是指携带视频简介的广告。视频的好处主要就是可以将广告生动灵活地展现出来。

在朋友圈默认播放的视频广告是有时间限制的，一般点击进入，就可以看到视频广告的完整版。小视频广告如图 11-17 所示。

图 11-17　小视频广告

4. 图文广告

图文广告的形式十分简单，即图片配文字，当然，下面也可以带上链接。

这种形式虽然相对来说比较普通，可它的包容性也最强，内容可以多种多样。如图 11-18 所示，就是图文广告型的朋友圈广告。

图 11-18　图文广告型的朋友圈广告

11.2.2　公众号广告自主植入

平时在刷朋友圈时，除了个人编辑的内容以外，还能看见许多被分享至朋友圈的文章链接，如图 11-19 所示。一般来说，由公众号分享过来的内容是最多的。很多时候，由于好奇心或是对文章本身的内容比较感兴趣，微信好友们会选择阅读全文。

有些人或许没有注意到，在整篇文章的底端，都会有一些广告位，如图 11-20 所示。这些广告一般都是一些大大小小的微信公众号、甚至是微店的广告，读者可以直接点进去并且关注这些商家。

而这些小小的广告其实也有不同的类型，一般来说，可以分为三种模式，具体如下。

1. 微信公众号图片广告

顾名思义，就是图片为主的广告模式，图片配上一些重要信息，看上去颜色感更强烈，引人注目。

2. 微信公众号图文广告

这种广告模式循规蹈矩，就是很常见的图文配合，文字信息相对第一种来说比较充沛，只是图片就没有那么吸引眼球了。

图 11-19　发送至朋友圈的公众号文章

图 11-20　微信公众号文章底部的广告

3. 微信公众号卡片广告

这种模式没有照片类的信息，不过会有企业 LOGO，信息也相对完整。优点是最后有"关注"按钮，更加方便。以上三种模式的广告如图 11-21 所示。

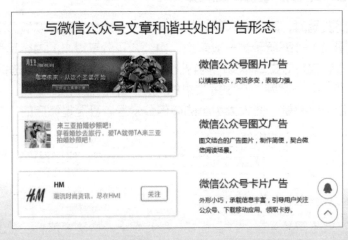

图 11-21　微信公众号中底部广告的广告形态

底部广告可以在浏览完文章后看到，如果文字信息足够吸引人，自然会有人愿意成为微店或是公众号的粉丝。

哪怕对方没有加关注的意向，广告打得多了，大部分用户也会对这个品牌产生深刻的印象。广告如果足够高端，甚至还能提升品牌形象，对未来长远发展是有重大好处的。

在营销过程中，为了吸引更多的客户，也可以试着在浏览量较大的公众号里投放广告。

当然，广告费用会因为广告投放的地方、时间等因素有高低之分。商家应该以店铺经营状况为前提妥善考虑，切莫头重脚轻。

除了可以在其他企业的公众号中打广告以外，商户们同样也可以撰写一篇关于品牌或是某个商品的软文，直接刊登在自家微信公众号，或者其他浏览量比较大的微信公众号中，如图 11-22 所示。

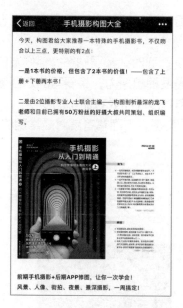 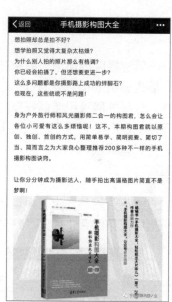

图 11-22 植入广告的公众号软文

上述两篇文章都是在介绍手机摄影的基本知识，文章作者为了推销自己的书籍，便在文章中植入了这两本书。而刚好在学习这方面知识并且苦无门路的微信好友便会对这两本书产生购买的欲望。

当然，植入广告的文章有一点必须要注意，那就是文章内容要有意思或者有深度，一定要在文章中体现出商品的价值，不然客户根本不会买账，不可能心悦诚服地接受所销售的商品。

不管是微信公众号底部的广告，还是直接做软文营销，都应该从企业自身的实际情况出发，考虑投入的多少、性价比相对来说是否比较高之类的问题，选择最适合自己品牌的广告形式，而不是盲目跟随大众。

11.2.3　H5 页面动态宣传产品

H5 页面是现在十分常用的数字产品。通过它，可以打开新媒体应用平台而不用下载任何 APP 或是跳转进入浏览器。H5 页面基于云端，无需下载，它能够将文字、图片、音频、视频、动画、数据分析等多媒体元素融合在一个页面中，甚至还能在后台实时获取阅读和传播情况，给决策者提供大数据。

H5 页面支持滑动、点击等基础手势动作，所以 H5 页面上的内容除了可以看以外，还可以手动参与互动。一般来说，商家要想制作一个 H5 页面来宣传产品和品牌，有两种渠道可以选择，一是查找制作 H5 页面的网站，二是向专业做 H5 页面的商家求助。

不过很明显，专业人士制作的自然更加好看精致，而且也不需要商家自己花费太多时间。

当然，不管选择哪种渠道，商家在制作 H5 页面时，都要站在微信好友的角度上来想问题，要去分析他们想要看什么，然后尽量发挥想象力，将要写的东西描述得更有意思一些，这样才能吸引微信好友注意，起到宣传商品或者品牌的作用。

H5 页面在对外展示时可以分为几种不同的类型，下面笔者就对最常用的 3 种制作形式，进行具体解读。

1. 视频

视频的方式十分简单，也就是说用户点击进入一个 H5 页面，它就会开始播放一段视频，一直到视频结束，如图 11-23 所示。

图 11-23　带有视频的 H5 页面

如果在 H5 页面插入了视频，就不能再放置太多文字或者图片信息了，所以最终宣传效果怎么样，就单靠这个视频的质量了。

2. 幻灯片

幻灯片模式应该是最常见的 H5 页面模式了，很多企业或公众号做年底总结的时候都会用到这种模式。

简而言之，就是选用一些比较富有代表性的图片，将重点文字标注在图片的空白处，伴随着背景音乐自动变化或是通过点击屏幕进行不断的变化。如图 11-24 所示，就是典型的幻灯片型 H5 页面。

图 11-24　幻灯片型 H5 页面

一般商户都会选择用这种方式做产品介绍，但是有一点必须注意，幻灯片的数量不能太多也不能太少。太多对方会嫌花的时间太长、内容太啰嗦容易不耐烦，太少有可能商品的重点都没有展示出来，幻灯片的内容也不出彩。

所以，在制作幻灯片型的 H5 页面时，最好将幻灯片的数量保持在 6 到 10 张，这个数量能让大多数顾客认同。

3. 空间展示

这种 H5 页面的制作方式可能较为复杂，一般的商户想要自己完成恐怕会有些难度，而且也要花费很多时间。如果想要这种效果的 H5 页面，最好还是找专业人士来帮忙。

空间展示就是说，所制作的页面空间感很强，不再是平面的图面，而是用 3D 效果的空间图来展示。有时甚至会运用"一镜到底"这种专业摄影技术来制作。所打开的 H5 页面包含多种信息内容,可以通过点击滑动等手势来选择需要查看的模块。空间展示型的 H5 页面如图 11-25 所示。

图 11-25　空间展示型的 H5 页面

11.3　5 种价值营销,互惠互利提高成交

本节将介绍 5 种价值营销技巧,帮助商家更好地提高商品成交率。

11.3.1　折扣促销刺激需求

折扣促销又称打折促销,是指在特定的时期或是举行活动时,对商品的价格进行让利,得到用户的关注,达到促销的效果。折扣促销是有利有弊的,它的作用机制以及效应具有两面性。

通过打折促销创造出的"薄利多销"机制,可以刺激消费者的消费欲望,从而提高商品的竞争力。但是,如果折扣促销使用不当,可能会降低品牌形象,降低商家的获利能力,造成未来市场需求的提前饱和,走上一条不可持续发展之路。

折扣促销有优势,又存在缺陷,因此要做好折扣促销的策划,对此,运营者应重点做好 5 个方面的工作,如图 11-26 所示。

折扣促销是微信朋友圈里比较普遍的销售模式,最好使用限时、限量打折,这样能够快速引起好友的好奇心和注意,效果往往会更好。

图 11-26　折扣促销的策划

例如，对于一些需求量较大，或者特定人群需求较强烈的商品，将这些商品打折出售，都是很受欢迎的。图 11-27 所示为朋友圈打折出售宠物类用品的相关页面，其出售的商品对于有宠物的人群来说，很可能就是比较有吸引力的。

图 11-27　朋友圈折扣出售宠物类用品

11.3.2　塑造价值放大回报

在营销过程中，商户们必须意识到，我们所销售的，看似是商品这个实体，实则售卖的是产品本身所存在的价值。所以，在向顾客推销某些商品的时候，应该仔细询问用户本身的情况,选择一个正确的切入点来推销自己的商品。

举一个例子,一家人去家具市场购买窗帘,一位销售人员给他们介绍各种规格、图案、材质的窗帘,虽然顾客只是对各种窗帘有了泛泛的了解,但没有很清晰、深入的认识,所以没有购买。

这时,来了另一个推销人员,他没有着急地推销产品,反而和购买者聊了起来。在聊天过程中,这位销售人员大致摸准了这一家人的品位与需求,于是根据需要给他们介绍了一款产品,大致符合他们的所有要求。又拿自己做例子,大概介绍了自家的装修风格和这家购买者的风格十分相像,还拿出手机来给对方看了自家窗帘装上后的样子。最后,这个家庭选择了这款窗帘。

从上面的例子中可以看出,窗帘本身是商品,有多种多样的类型,为什么顾客独独选了其中的某一种呢?这就是因为,被选中的商品所体现的价值吻合顾客的需求。那么我们应该从哪些方面抓住顾客的心理活动,为商品塑造价值呢? 大家可以从如下 3 个方面进行把握。

1. 效率高低

在现如今这种讲究效率的社会,能够快速见效的东西往往更受用户的欢迎。时间就是金钱,所有人都希望可以在最短的时间内获取最大化的回报。

比如说培训机构,要是能够打出类似"一个月掌握新概念英语""20 节课雅思上 6.5 分"之类的广告肯定会更受家长们的青睐。又比如减肥产品,能够越快瘦下来的肯定越受用户欢迎。

所以如果想让顾客购买商品,一定要将商品的高效率功能体现出来,为商品塑造效率上的价值。

2. 难易程度

这一点很好理解,越容易上手的产品自然越受欢迎,特别是高科技产品。

就拿手机举例,现在的智能手机年轻人可能可以随意地使用,可是年纪稍微大一些的,用惯了原来的翻盖式、带键盘手机的人或许用不太习惯。这个时候,越方便的智能手机自然会让人倾心。

比如苹果手机,自带智能机器人 siri,用户可以通过和机器人的交谈来实现一些程序的操作,如图 11-28 所示。

那么销售人员在推销产品的过程中一定要提到产品容易操作、容易上手的优点,以此来塑造产品本身的价值,让顾客感兴趣。

图 11-28 智能机器人 siri 的页面

3. 安全性能

安全对于商品、特别是电子商品来说，是一个非常基本的评价标准。安全是基础，也是最重要的部分。换句话来说，这就要求商家所售卖的商品不能对购买者造成任何伤害。

拿减肥药举例子。如果商家在向顾客推销时仔细介绍药品成分，说明所有原料全部来源于无毒的食品和中草药成分，绝不会有任何副作用，自然可以吸引别人来购买。

所以商户们在一对一介绍商品、又或是在朋友圈发送商品广告时，都应该尽量从以上三个方面出发，运用好塑造商品价值的思路。这样一定会为商品的推销带来好处，并不断提高产品的销售量。

11.3.3 赠送礼品增加附加值

赠品促销是最古老，也是最有效和最广泛使用的促销手段之一。人们往往抵挡不住赠品的诱惑而产生消费行为。赠品促销的好处有很多，主要体现在以下方面，如图 11-29 所示。

商户们应该从生活中去感受营销，相信大部分人都很乐意接受各种各样的礼物。一来可以感受到赠送礼物的人对自己的感情，二来免费得到东西会认为比较划算、并且有惊喜感。

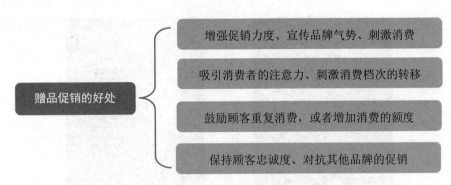

图 11-29　赠品促销的好处

来看一个例子。一般女士去逛护肤品店并且购买商品时，商家都会选择赠送一些"护肤小样"给客户，这些护肤小样一般来说，分量并不大，也就能用 2~3 天，短期出门时可以当作旅行装。正是因为有这些护肤小样的存在，客户们才会觉得自己买的东西很值，因为赠品很多，很有惊喜感。

但实际上正如我们所知，这种"值"的感觉只是一种错觉，而正是这种错觉，往往会让客户产生想要购买更多商品的欲望。道理很简单，买的越多，送的越多，满足感也就逐步加深。

赠送礼品的营销策略，主要有 3 个方面的好处，接下来分别进行解读。

1. 推销新产品

有的商户在赠送商品时，会选择送给客户新上架的商品小样。这种方式其实能够一举两得，一来让客户满意，二来推广了新产品。用户在使用过新产品之后，可能会觉得十分好用，那么下一次也许就会选择购买该商品。甚至推荐给周边的朋友，也算是免费给商家做了一个宣传。

送赠品既然能够给商家带来那么多的好处，卖家就更应该在准备赠品的环节上下功夫了。随便送一些平日里用不着的小玩意儿肯定不会对提高销量起太大作用。商户们应该仔细思考，哪些东西才是客户们真正需要的，并且能够配合刚刚所买的商品使用的？

2. 培养回头客

在客户购买商品之后，商户主动赠送一些小的赠品，哪怕只是一把小小的扇子、一支口红，如图 11-30 所示，也会让购买者觉得自己赚了。

在购买过程中感受到惊喜并且觉得划算的用户，自然会将这家店铺划分到"值得重新购买"的区域中，并且经常关注。

图 11-30　赠送口红

3. 提高产品销量

有时对方可能不需要买某件商品，可是当商家告诉他，买某件东西就能赠送另一件东西时，客户往往会心动，哪怕他可能根本不缺也不需要这种东西。如图 11-31 所示，这是一家卖皮靴的店铺的广告，因为是买一送一，所以，消费者看到广告之后就会觉得这样的买卖很划得来。

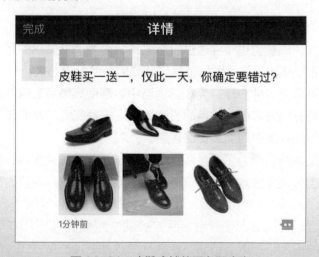

图 11-31　皮靴店铺的朋友圈广告

除了比较常见的"购买赠送"活动，还有另一种分层级的方式，大概的操作方法是购物满多少元之后，所赠送的商品会更贵也更精美。

比如说卖衣服的店铺，打出广告，满 200 元赠送一个随身饮水杯，满 400 元赠送一个烧水壶，以此类推。在这种情况下，客户为了得到更好和更多的东西，就会买得更多一些。

11.3.4 限时限量增加紧迫感

限时抢购又称闪购，最早的闪购模式是以互联网为依托的，即电子商务的模式。一般来说，开展"限时优惠"活动的时间点，都是在市场相对来说比较疲软的时候。这段时间可能由于市场货品饱和而导致销售额不高，为了刺激消费，商家可以开展"限时优惠"活动。

无论如何，"价格"都是人们在购买商品时考虑的最基本因素。这就意味着，"限时优惠"一定能够起到拉动销量、刺激购买的作用。

在开展"限时优惠"活动时，必须将优惠原因告诉大众，是为了感谢新老客户的支持，抑或是针对某个节日来开展这一活动，又或者是别的原因。毕竟"限时优惠活动"的优惠力度还是非常大的，为了避免引起购买者对商品本身产生怀疑，最好事前告知原因。

专 家 提 醒

在微信朋友圈的优惠活动营销中，限时优惠有着强大的吸引力，商户们要营造一种"优惠不是时时有"的氛围，让好友抓紧时间购买。

除了限时之外，限量也是一种通过饥饿营销，刺激消费需求的重要策略。中国有一句古话叫做"物以稀为贵"，意思就是越紧缺的资源价值越大。

商家其实也可以把这种心理运用在营销当中。制造某种商品供不应求的状态会让购买者对这种商品充满好奇心，并且想尝试购买，一探究竟，从而刺激消费，顺利地把好友，甚至是刚加好友的陌生人变成客户。

商家可以将某种商品定为"限量版"，标明发售时间先到先得，商品的销售量一定会大大提高。但必须要注意的是，这一方法更适用于相对来说较为高端、高品质、高口碑的商品。

图 11-32 和图 11-33 所示分别为朋友圈限时、限量出售商品的案例。正是因为有时间或数量上的限制，所以会给对方造成一种紧张感，产生"如果再不抓紧时间好东西就白白溜走了"诸如此类的感受。这样一来，销售的效果自然会更好一些。

图 11-32　朋友圈限时销售案例

图 11-33　朋友圈限量销售案例

11.3.5　节日促销提高获得感

节日促销是指在节日期间，通过传统节日的良好氛围来制造商机，普遍引起人们的关注，在短时间内获得很好的传播效果，从而达到促销的目的。在节日促销的运营过程中，有一个重要的前提，那就是微信朋友圈的客户管理机制，如图 11-34 所示。

完成了客户管理，企业或商家可以通过会员制来进行具体的圈粉行动。会员也是用时间积累下来的，会员越多生意就越旺。节日促销就是一个很好的计划，是用来圈粉积累会员的。随着生意的不断壮大，可以针对会员进行节日营销，让会员享受到更好的优质服务。

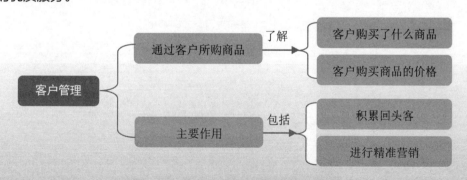

图 11-34　微信朋友圈营销的客户管理

节日促销能够带来很多的流量,利用这个机会将普通好友转化为会员是非常好的,这样在淡季的时候,也会有会员能够带来销售额。例如,端午节推出粽子礼盒促销,如图11-35所示;妇女节购物满额送鲜花,如图11-36所示。

图11-35 端午节推出粽子礼盒

图11-36 妇女节购物满额送鲜花

第 12 章
建立信任：把陌生人变成亲密的朋友

> **学前提示**
>
> 　　微商、网红、自明星们在朋友圈开展营销活动时，由于一些不恰当的刷屏，会常常被朋友圈好友或粉丝排斥、屏蔽、拉黑，不但使营销活动大打折扣，还会影响与好友建立的感情。
>
> 　　本章主要介绍建立信任打造良好的朋友圈营销氛围的各种方法，希望读者掌握。

要点展示

- 5 种技巧，快速吸引陌生人关注
- 7 种分享，正确地使用情感利器
- 4 种技巧，将碎片时间为我所用

12.1 5种技巧，快速吸引陌生人关注

微商要想在朋友圈赢得好友的好感，需要多提升自己的存在感，展现帅气甜美的形象，颜值高吸引力就强，可以间接引发情感上的共鸣。本节主要介绍吸引陌生人关注的5大技巧。

12.1.1 用高颜值吸睛

谁都喜欢高颜值的事物，如果是帅哥美女，通过高颜值还能吸引不少粉丝与追随者。所以，微商们在朋友圈除了发产品广告外，还要多发一些自拍照、旅行照等，多展示帅气、甜美的形象。

如图12-1所示，为某位从事服装销售的微商在朋友圈发布的照片，当受众看到这种高颜值的照片时，会有种想交朋友的愿望。

图12-1 某位从事服装销售的微商在朋友圈发布的照片

12.1.2 展示品位格调

一个有眼光、有品位、有格调的人，更易被人所喜欢、所追逐。因此，朋友圈不要发低俗不雅的信息，而要发有一定品位格调的、源于生活又高于生活的内容，让客户觉得你是一个具有高尚人格魅力的人。

如图12-2所示，为某位从事微教育行业的微商在朋友圈发布的一些有知识、有内涵的软文，让人觉得此人非常有品位、有格调。

 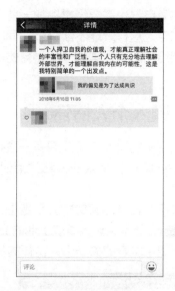

图 12-2　从事微教育行业的微商在朋友圈发布的软文

12.1.3　呈现渊博学识

俗话说：光说不练，假把式。在朋友圈中，商户们不仅要让客户看到你的远大理想、奋斗目标，更要让好友看到你的成功、你的努力，知道你是一个有真才实学的、能给身边的人带来益处的人。

运营者在朋友圈中可以分享一些成功的案例，可以是自己的，也可以是自己带的团队的，也可以将朋友圈的背景墙设置为比较有学识、有知识层次的类型，如图 12-3 所示。

图 12-3　将朋友圈的背景墙设置为比较有学识的类型

当然，微商自己也需要经常参加一些培训机构组织的培训课程，休闲之余对自己进行不断的充电，这样才能不断进步，同时把自己学习理解到的知识、技巧分享到朋友圈中，既能给团队、代理做一个学习的榜样，更能让客户看到你的成功、你的真才实学。

12.1.4　融入个人情怀

我们不能否认的是，在朋友圈里一直打广告的运营者确实不太惹人喜欢。所以，当微商们执意要将广告植入他人私生活时，就应该考虑到你发布的信息是否会被人接受。

聪明的微商在日常的营销中会尽量融入一些充满个人情怀的内容，这样的微商不仅不会引人反感，甚至会让人喜欢上他的文风、期待每天看到他发的信息。如图 12-4 所示，为朋友圈中发表的关于个人情怀的信息。

图 12-4　朋友圈中发表的关于个人情怀的信息

12.1.5　给人向上的力量

无论是哪个时代，具有远大理想、勇于拼搏、敢于奋斗的人都更容易引起人们的关注和鼓励。

微商在分享朋友圈的时候，最好多发布一些正能量的内容，如图 12-5 所示。

图 12-5 朋友圈发布的正能量信息

让人觉得你有很强的上进心、努力奋斗，感受到你的热情与温暖，不仅能够激励朋友圈中的客户，并且还能提高他人对你的评价与看法，吸引人们的关注，让朋友圈的好友更加信任你，支持你的事业。

12.2 7种分享，正确地使用情感利器

在微信朋友圈中，微商们除了进行营销时需要发布产品的图片和基本信息以外，为了让客户信任自己，也可以分享一些工作内容、工作环境、工作进展等，这些都是微商增进与顾客关系的情感利器。

12.2.1 分享背后苦楚

在大多数人眼里，在朋友圈做微商很光鲜靓丽，既有钱赚、又轻松。却很少有人知道，微商背后的努力和付出，经常因为家人的不理解而受到责备；每天上百个快递要寄，光写快递单就能写到手软；跟团队培训学习到凌晨一两点；还要给产品拍照片、修照片、写文章、带代理培训等。

商户们在朋友圈营销过程中，除了在朋友圈中发产品的图片和产品信息之外，还可以偶尔跟客户诉诉苦，将自己拿货、发货、深夜上课培训的照片分享到朋友圈中，让客户看到一个努力认真为这份事业打拼的微商，向客户展现认真工作的态度，从而赢得客户的信任。

图 12-6 所示为某位微商分享辛苦工作的朋友圈图文，当受众看到这些内容时，很容易会在心疼的同时，产生信任感。

图 12-6　某位微商分享辛苦工作的图文

12.2.2　分享奋斗激情

生活不仅有辛苦，还有着为梦想奋斗的无限激情，要想得到客户对你的认可，就要有可以激励人心的感染力。

微商、网红、自明星们可以在朋友圈中分享自己或团队积极乐观、拼搏上进的有激情的内容，或是一些大咖的成功案例，这样能起到鼓舞士气的作用，潜移默化下，客户会对你更加信任，如图 12-7 所示。

图 12-7　在朋友圈中分享自己拼搏上进的内容

12.2.3　分享营销资质

相同种类的产品，售卖的肯定不止你一家，怎么让客户相信你，购买你的产品呢？首先一点，微商做的是可持续性的、长久的事业，那么就要保障产品品质，有口碑，才能带来销量。

微商可以把与自家产品相关的新闻、相关人员的荣誉、质检合格证明等信息，分享至朋友圈中，有图有真相，才更有说服力，如图12-8所示。

图12-8 微商在朋友圈分享相关人员的荣誉

12.2.4 分享运营团队

现如今在朋友圈做微商一个人的力量是不够的，其背后还有一个庞大的微商团队，团队是商户们最坚实的后盾，微商、网红、自明星们团结互助才能促进团队的强大，团队越强大，在自明星道路上走的就更远。

在朋友圈中分享自己的团队、团队培训等一系列活动的照片，让客户知道，你并不是一个人，你所从事的事业和销售的产品都是有一定权威性的，是有团队一起经营的，如图12-9所示，可以让客户对你产生信任感。

图12-9 朋友圈中分享自己的团队

12.2.5 分享团队增员

老话说的好：耳听为虚，眼见为实。要想在朋友圈吸引更多的人加入你的团队，跟你一起做微商代理，光凭嘴说是不够的。

所以，微商们需要经常在朋友圈中分享新增的代理名单、合照与新代理加入团队时的聊天记录截图等，让原本还在观望状态的、有意向的客户或朋友圈好友下定决心，加入你的团队。

图 12-10 所示为某微商在朋友圈分享的相关内容，可以看到，其便是直接将与新成员的对话进行截图展示，客户看到之后就会觉得该微商的团队吸引这么多人加入，应该是非常具有实力的。

图 12-10　朋友圈中分享与加入团队的新成员的对话截图

12.2.6 分享体验效果

这里的体验，是指使用产品或体验服务后的效果，在朋友圈中多分享产品的体验效果，并截图发朋友圈，可以增加一定的可信度。

微商可以将自己使用产品的过程拍照或拍个小视频分享在朋友圈中，并和客户分享使用后的效果体验进行对比，引导客户购买产品或服务，客户用过后的使用体验跟你一致，会促使他们再一次购买你的产品或服务，还能获得客户的认可。

图 12-11 所示为某美容连锁店微商分享的朋友圈，其便是通过体验效果的展示，增强服务效果的说服力，增加潜在客户的信服度。

图 12-11　在朋友圈分享体验效果

12.2.7　分享心得感悟

站在巨人的肩膀上，可以离成功更近。人们总喜欢看成功人士的演讲和他们取得成功的故事案例，反映出人们内心对成功的渴望，希望能从中得到启发或者说找到成功的捷径。

微商们在朋友圈中可以多发一些微商营销的心得感悟，使一些刚入门的微商或准备做微商的人群，通过这些心得感悟而有所收获。

如图 12-12 所示为某微商代理的一条朋友圈内容，从中不难看出，该微商代理便是通过分享心得感悟，让潜在客户了解微商代理的同时，刺激更多人加入自己的团队。

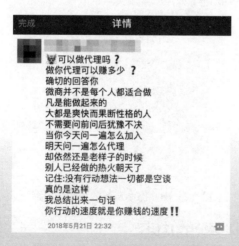

图 12-12　在朋友圈分享体验效果

12.3　4种技巧，将碎片时间为我所用

有些人在做朋友圈营销时，总是尽可能地将相关信息传递给潜在客户。于是不惜将一条朋友圈能发完的内容，分成几次发送，从而通过刷屏，占领潜在客户的朋友圈。殊不知，营销虽有必要，但是过分营销，却会让人产生厌烦。

在朋友圈做营销时，我们要合理地抓住用户刷朋友圈的时间，在合适的时间，给潜在客户需要的内容。下面介绍4种占领朋友圈碎片时间的技巧。

12.3.1　早上发正能量内容

早上 7:00~9:00，正好是大多数人起床、吃早餐的时间，有的人可能正在上班的路上、在公交车上，这个时候许多人因为有空闲都喜欢拿起手机刷刷朋友圈、刷刷新闻。

而这个时候，微商、网红们可以在朋友圈发一些关于正能量的内容，给潜在客户传递正能量，让大家以阳光心态开始新的一天，也最容易给大家留下深刻印象。

图 12-13 所示的微商，正是抓住了早上这个黄金时间段，发布了正能量的内容，这不仅增加了朋友圈的好感度，并且内容显示在页面的最上方，可以被微信好友第一时间看到，从而获得更大的曝光率。

图 12-13　微商发布的正能量内容

12.3.2　中午发轻松的内容

中午 12:00~14:00，正是大家吃饭、休闲的时间，上午上了半天班，有些辛

苦，这个时候大家都想看一些放松、搞笑，具有趣味性的内容，为枯燥的工作时间增添几许生活色彩。

中午大家吃饭的时候，也有刷手机的习惯，有的人是边吃饭边刷手机，特别是一个人吃饭的时候，所以这个时候微商们发一些趣味性的内容，也能引起朋友圈好友的关注，让大家记住你、记住你的产品。图 12-14 所示微商通过午间有奖互动，不仅内容让人轻松，还能快速吸引潜在客户的注意力。

图 12-14　微商发布的有奖互动

12.3.3　下午发营销性内容

下午 17:30~19:00，正是大家下班的高峰期，这个时候大多数人正在车上、回家的路上，这个时候刷手机的人也特别多，一天的工作疲惫心情需要通过手机来排减压力，此时微商们可以好好抓住这个时间段，做做宣传，可以发布一些产品的特效，以及产品成交的信息。

如图 12-15 所示为微商发布的一则产品营销性信息，而爱猫人士在看到该广告之后，如果有购买的需求，便会点击朋友圈中的链接，直接进行购买，这便很好地达到了营销的目的。

图 12-15　微商发布的产品营销信息

12.3.4 晚上发情感性内容

下午 20:30~23:00，这个时候大家都吃完饭了，有的躺在沙发上看电视，有的躺在床上休息，这个时候大家的心情是比较恬静的，睡前刷朋友圈已经成了年轻人的生活习惯。

所以，这个时候发发情感的内容，最容易打动微友们。如图 12-16 所示为微商晚上在朋友圈发布的关于情感方面的内容。

图 12-16　晚上发布的关于情感方面的内容